EY
Building a better
working world

Mitsubishi UFJ Morgan Stanley

INITIAL PUBLIC OFFERING
IPO
実務用語辞典

新日本有限責任監査法人
三菱UFJモルガン・スタンレー証券
編

同文舘出版

刊行にあたって

　わが国経済は、アベノミクス効果もあって、多くの会社において業績の向上が目立ってきています。また、2020年東京オリンピックの経済浮揚効果も加わり、持続的な好循環となる可能性が期待されています。

　このような中で、企業の新規上場も盛り上がってきています。2000年以降は東証マザーズをはじめとした新興企業向けの市場も定着し、多くの未上場企業にとってIPO (Initial Public Offering：新規上場) は大変身近なものとなり、実際にIPOをタイミングよく実現した結果、ここ10年程度で会社の成長を加速した事例が増えてきた実感があります。

　今日の複雑で変化の速い社会において、経営者の皆さまが抱える経営課題はますます多様化してきていると認識しています。そして、未上場企業にとって今後も企業成長を続けていくためには、企業体質を強化すべくIPOを目指す例が確実に増えると予測しています。これから上場を目指す会社やそれを支援する皆さまにとっては、IPOを確実に成功させることは重要な経営目的になると思います。

　本書は、私どもの中でも、数多くの起業家、IPO実務に過去から接し、IPOに精通した公認会計士が執筆にあたっており、多くの皆さまにIPOの実務知識をお伝えするものとなっています。そして、IPOに関する基礎的な用語を網羅し、少しでも多くのIPO関係者が共通のテクニカルワードで有効に話し合いができるための便利な辞典として位置づけられることを意図して企画したものです。本書を通じて、読者の皆様がIPOに関する知見を高めていただければ幸いです。

　最後に、共同執筆いただいた三菱UFJモルガン・スタンレー証券株式会社及び本書の企画から発刊までご尽力いただいた同文舘出版の皆さまにこの場をお借り致しまして厚く御礼申し上げます。

平成26年2月

EYジャパンエリア・マネージング・パートナー
新日本有限責任監査法人理事長
加藤　義孝

刊行にあたって

「上場の手続きを説明した本はよく見かけますが，書いてある言葉に馴染みがない。」，「監査法人や証券会社の方からふと口に出る言葉に戸惑うことがある。」上場の実務に携わる方のこのような声に応える術はないかという思いから，この本の構想が始まりました。

確かに上場をお手伝いするわれわれの立場のような者にとっては当たり前でも，一般企業の方にとっては馴染みのない言葉を使っています。上場の準備に際して，関係者にとって適切なコミュニケーションをとることは円滑に準備を進めるにあたってとても重要なことですが，何気なく使っている言葉の意味が相手と共有化できていなければ，意図が伝わらなかったり誤解が生じることにもなりかねません。

こうして「用語辞典」の準備を始めたわけですが，過去類書がないことから思いのほか時間がかかることになりました。長い準備期間中にマーケットも変化しましたが，企業の成長のために上場を目指す企業家の方々の想いは変わることなく続いています。

折しも，一昨年末来の株式市場の活況もあり，上場の検討を進める企業が増えてきていると感じています。そうしたなか，三菱UFJモルガン・スタンレー証券としても，確固たるビジネスモデルや事業基盤をもち，戦略的なIPOを果たすことを目指す企業の準備を精力的にお手伝いすることができればと考えております。

その一貫として，今回新日本有限責任監査法人とともにIPO準備の過程で接することの多い用語を網羅した辞典を，出版することになり，これからもさらにIPO実務に携わる方々のお役に立つよう努めていきたいと考えています。

最後となりますが，本書の出版に当たって，共同執筆いただいた新日本有限責任監査法人の皆さま及び終始熱心なサポートをいただいた同文舘出版の皆さまにこの場をお借りして厚く御礼申し上げます。

平成26年2月

三菱UFJモルガン・スタンレー証券株式会社

投資銀行本部　公開引受部長

磯橋　敏雄

執筆にあたって

　本書は，新規上場を考えている経営者，上場準備に携わる実務担当者，上場支援をしている関係者などが上場準備の過程でかかわる証券会社，監査法人，証券取引所などの関連する専門家と接するにあたり，会話や文書のやりとりのなかで使われる専門用語を一通り身につけるために企画されました。そして，上場におけるさまざまな業界用語のなかで，上場準備において知っておいたほうが良さそうな周辺関係者とのコミュニケーションに役立つと思われる実践的な用語も合わせて収録しています。

　実務上のさまざまな局面で，各専門家との間でどのような用語が使われるのか，簡単に把握できるように，関連の深い用語をまとめて章立てする構成になっています。また，書名どおりの辞典としての利用も考慮して，五十音順での語句索引を冒頭に配置しています。

　各用語の説明では，語句そのものの定義的な解説のみならず，その語句が登場する実際の場面に関連した留意点等も盛り込んで説明していますので，実践的に活用してもらえるものと考えております。

　読者の皆様におかれては，上場が視野に入った段階で本書を手に取っていただき，全体を通読して上場準備実務の概要をつかんでいただくとともに，上場準備の各段階で登場する専門家とのコミュニケーションの際には関連する章にスポットを当てて精読することで事前準備にあてていただくことや，また実務においてわからない言葉があればその都度，語句索引から該当語句の説明を読むことで上場準備実務の理解に役立てていただければ幸いです。

　最後になりましたが，本書の刊行にあたって，同文舘出版株式会社編集局の青柳様，大関様に大変お世話になりましたことを，この場をお借りして改めて厚く御礼申し上げます。

平成26年2月

　　　　　　　　　　　　　　　　　　　　　　　　　　執筆者一同

凡例

法令，基準名		略記
会社法	→	会
会社法施行規則	→	会規
会社計算規則	→	計規
金融商品取引法	→	金商
民法	→	民
財務諸表等規則	→	財規
企業内容等の開示に関する内閣府令	→	開示府令

目　次

1 上場全般　　1

上場の意義　　2
IPO　　株式公開　　株式上場
株式非上場化

倫理・社会的責任　　3
パブリック・カンパニー　　CSR
CSR報告書　　社会の公器　　ステークホルダー
利害関係者　　企業行動規範　　反社会的勢力

プレイヤー　　6
証券取引所　　監査法人　　証券会社
証券印刷会社　　銀行　　株式事務代行機関
ベンチャー・キャピタル　　VC
IPOコンサルタント　　証券アナリスト　　機関投資家

株式市場　　9
証券市場　　本則市場　　新興企業向け市場
新興市場　　テリトリー制　　市場変更
指定替え　　一部指定

2 上場審査基準　　13

全般的事項　　14
上場基準　　形式基準　　形式要件
実質基準　　適格要件

形式基準（形式要件）　　16
上場時株主数　　流通株式数　　浮動株式数

単元株制度	上場時公募・売出	売買単位
上場時価総額	流通株式比率	少数特定者持株比率
想定発行価格	想定売出価格	事業継続年数
純資産の額	利益の額	監査意見
継続企業の前提	内部統制報告書	株式名簿管理人
株式の譲渡制限	株券電子化制度	証券保管振替機構
指定振替機関	株券不発行	不受理項目
確約書		

実質基準（適格要件） ················· 27

企業の継続性及び収益性　　　　　　　　企業経営の健全性
企業のコーポレート・ガバナンス及び内部管理体制の有効性
企業内容等の開示の適正性
その他公益または投資者保護の観点から証券取引所が必要と認める事項

子会社上場 ························· 30

子会社上場	子会社上場基準	親会社等
親会社等からの独立性の確保		

上場廃止 ·························· 32

上場廃止	上場廃止基準	監理銘柄
整理銘柄	債務超過	不適当な合併等

3 資本政策　　　　　　　　　　　　　37

全般的事項 ························· 38

資本政策	エクイティファイナンス	
上場前規制	公開前規制	開示対象期間
継続所有義務	流動性	時価総額
財産保全会社	資産管理会社	直接金融
間接金融	募集	売出し
公募	株主平等の原則	安定株主対策
主要株主	少数株主	少数株主権
キャピタル・ゲイン	創業者利潤	インカム・ゲイン
分配可能額	配当可能利益	蛸配当

財源規制	インセンティブ・プラン	
持ち合い	従業員持株会	取引先持株会
役員持株会		

株式実務 ··· 47

株主名簿	基準日	総株主通知
個別株主通知	発行可能株式総数	発行済株式総数
譲渡制限株式	議決権所有割合	募集株式
潜在株式	特別口座	株式譲渡益課税
税制適格ストック・オプション		エンジェル税制
ベンチャー企業投資促進税制		

株式の評価 ··· 51

同族関係者	企業価値	バリュエーション
コスト・アプローチ	インカム・アプローチ	
マーケット・アプローチ		PER
株価収益率		
DCF法(ディスカウント・キャッシュ・フロー法)		
フリー・キャッシュ・フロー		資本コスト
収益還元法	類似会社比準法	取引事例法
類似業種比準方式	配当還元方式	純資産価額方式

資本政策上の主な手法 ······························ 57

株式譲渡	第三者割当増資	
自己株式の取得・処分・消却		
株式併合	株式分割	株主割当増資
種類株式	無議決権優先株	新株予約権
ストック・オプション		新株予約権付社債
転換社債	CB	
デット・エクイティ・スワップ(DES)		
オーバーアロットメント		
グリーン・シュー・オプション		
シンジケートカバー取引		有利発行

4 コーポレート・ガバナンス　63

全般的事項 …………………………………………… 64

コーポレート・ガバナンス
コーポレート・ガバナンス体制
上場会社コーポレート・ガバナンス原則
コーポレート・ガバナンス報告書　　　　　　機関
機関設計

株主総会の役割 ……………………………………… 66

株主総会　　　　　　代理人による株主総会出席
議決権行使　　　　　書面投票制度　　　　電子投票制度
常任代理人　　　　　株主総会参考書類　　委任状方式
プロキシー・ファイト　　　　　　　　　　動議
説明義務　　　　　　株主提案　　　　　　普通決議
特別決議　　　　　　特殊決議　　　　　　株主総会議事録
議決権　　　　　　　自益権　　　　　　　共益権
自己株式　　　　　　相互保有株式　　　　議決権制限株式
株主代表訴訟

取締役・取締役会の役割 …………………………… 72

取締役会　　　　　　取締役会設置会社　　忠実義務
競業取引　　　　　　利益相反取引　　　　特別利害関係取締役
特別取締役　　　　　責任限定契約　　　　書面決議
取締役会への報告の省略

監査役・監査役会の役割 …………………………… 75

監査役　　　　　　　監査役設置会社　　　補欠監査役
監査役会　　　　　　監査役会設置会社　　独任制
常勤監査役　　　　　会計監査（会社法）　　業務監査
監査役の監査報告書

役員に関する事項 …………………………………… 78

取締役　　　　　　　委員会　　　　　　　指名委員会
監査委員会　　　　　報酬委員会　　　　　代表取締役
委員会設置会社　　　業務執行取締役　　　役員の選任

役員の選定	役員の解職	役員の解任
会計参与	社外役員	社外監査役
社外取締役	独立役員	独立取締役
独立監査役	独立役員届出書	役員報酬
役員賞与	役員退職慰労金	
ストック・オプション		

組織的経営 ·· 85

組織の経営	権限委譲	業務分掌
集団の意思決定	組織図	役職の兼務
稟議制度	社内規程	連結経営

三様監査 ·· 87

三様監査	監査役監査	内部監査
内部監査人	会計監査人監査	会計監査人
特定監査役	特定取締役	監査報告書

関連当事者・関係会社等 ··································· 90

関連当事者	関係会社	その他の関係会社
関連会社	持分法適用会社	特別利害関係者
特別利害関係者等	資本的関係会社	人的関係会社

5 コンプライアンス 95

全般的事項 ·· 96

| コンプライアンス | コンプライアンス体制 |
| コンプライアンス委員会 | |

法務コンプライアンス ······································ 97

不正競争防止法	独占禁止法	下請法
公正取引委員会	請負	偽装請負
公益通報者保護法	個人情報保護法	プライバシーマーク
産業廃棄物処理法	景品表示法	

労務コンプライアンス ·· 100

労働基準法	ブラック企業	労働契約法
就業規則	労使協定	36協定
労働協約	従業員代表	管理監督者
名ばかり管理職	法定労働時間	割増賃金
みなし裁量労働制	派遣労働	パートタイム
未払い賃金	労働基準監督署	雇止め
解雇	安全衛生管理	労働安全衛生法
労働災害	労災	
パワー・ハラスメント		
セクシャル・ハラスメント		雇用保険法
健康保険法	厚生年金保険法	

税務コンプライアンス ·· 108

過年度決算の修正	国税庁	修正申告
更正の請求	重加算税	印紙税
償却資産税		

知的財産権 ··· 110

知的財産権	特許権	実用新案権
意匠権	商標権	著作権

6 内部管理体制　　113

全般的事項 ··· 114

内部統制システム	内部統制	
内部統制の4つの目的		
内部統制の6つの基本的要素		統制環境
リスク	リスクの評価と対応	リスクの評価
リスクへの対応	統制活動	情報と伝達
モニタリング	日常的モニタリング	独立的評価
ITへの対応	IT環境	ITの利用及び統制
EUC	内部統制の限界	

利益管理体制 ・・・ 119

中期経営計画	SWOT分析	ローリング方式
予算制度	トップダウン	ボトムアップ
月次決算	原価計算制度	

業務管理体制 ・・・ 122

業務管理体制の構築	販売管理	受注業務
販売業務	回収業務	与信管理業務
購買管理	発注業務	購買業務
支払業務	在庫管理	原価管理
財務管理	固定資産管理	資金管理
人事労務管理		

内部統制報告制度 ・・ 126

内部統制報告制度	J-SOX	SOX法
財務報告の信頼性に係る内部統制		内部統制の構築
内部統制の整備状況の評価		
内部統制の運用状況の評価		内部統制監査
内部統制監査報告書	全社的な内部統制	
決算財務報告プロセスに係る内部統制		
業務プロセスに係る内部統制		内部統制の不備
開示すべき重要な不備		不正
誤謬	フローチャート	業務記述書
リスクコントロール・マトリクス		RCM
IT全般統制	IT業務処理統制	

7 ディスクロージャー   133

全般的事項 ・・ 134

ディスクロージャー	法定開示	直接開示
間接開示	決算スケジュール	決算説明会
会社説明会	公衆縦覧	縦覧期間
XBRL		

会社法による開示 137

会社法	招集通知	公告
計算書類	事業報告	連結計算書類
附属明細書	計算書類の附属明細書	
事業報告の附属明細書		Web開示
電子公告		

金商法による開示 140

金融商品取引法	財務諸表等規則	連結財務諸表規則
有価証券通知書	発行開示	継続開示
有価証券届出書	訂正届出書	目論見書
訂正目論見書	発行登録書	発行登録制度
発行登録追補書類	有価証券報告書	四半期報告書
大量保有報告書	5%ルール	確認書
臨時報告書	主要株主の異動	
有価証券報告書の添付書類		訂正報告書
1株当たり当期純利益		EPS
潜在株式調整後1株当たり当期純利益		1株当たり純資産額
BPS	自己資本比率	自己資本利益率
ROE	総資産利益率	ROA
株価収益率	株価純資産倍率	PBR
株主資本配当率	DOE	株主資本利益率
配当性向	EDINET	電子開示

適時開示 150

適時開示	TDnet	兜倶楽部
自己株券買付状況報告書		親会社等状況報告書
特定子会社	業績予想の修正	配当予想の修正
決算短信	四半期決算短信	決算補足説明資料
支配株主等に関する事項		
投資単位の引下げに関する方針等		配当政策
配当利回り	事業等のリスク	
リスク・マネジメント		

金商法による行為規制 155

インサイダー取引	内部者取引	会社関係者

重要事実	決定事実	発生事実
決算数値の予想値の修正		重要事実の公表
12時間ルール	風説の流布	課徴金制度

その他 ……………………………………………………… 158

改善報告書　　　　取引所規則の遵守に関する確認書
アニュアルレポート　CSR 報告書　　　　IR
インベスター・リレーションズ　　　　株懇

8 監査法人の役割　　　　161

全般的事項 ……………………………………………… 162

監査法人	公認会計士	CPA
公認会計士法	監査意見	無限定適正意見
限定付適正意見	不適正意見	意見不表明
レビュー	合意された手続	AUP
独立監査人の監査報告書		二重責任の原則
追記情報	指定有限責任社員	業務執行社員
独立監査人	監査責任者	監査補助者
主査	独立性	直前々期
直前期	申請期	

契約前 …………………………………………………… 167

予備調査　　　　　ショートレビュー　　　会計アドバイザリー
内部統制アドバイザリー

直前々期 ………………………………………………… 169

監査契約	三者ミーティング	会計監査
期首残高監査	実査，立会，確認	
経営者ディスカッション		
監査役等とのコミュニケーション		遡及監査

直前期 …………………………………………………… 171

会計監査　　　　　四半期報告アドバイザリー
J-SOX アドバイザリー
申請書類作成アドバイザリー

申請期 ·· 172
会計監査　　　　　　内部統制監査　　　　　四半期レビュー
証券会社ヒアリング　証券取引所ヒアリング
独立監査人の監査報告書　　　　　　　　　　コンフォートレター
監査概要書　　　　　　四半期レビュー報告書
経営者確認書

9 証券会社の役割　　　　　　　　　177

全般的事項 ·· 178
証券会社　　　　　　　主幹事証券会社　　　　副幹事証券会社
引受シンジケート団　　法人営業部門　　　　　引受部門
公開引受部門　　　　　審査部門

上場準備期間 ··· 180
主幹事宣言　　　　　　マンデート　　　　　　上場準備指導契約
引受コンサルティング
IPOコンサルティング
キックオフミーティング

上場申請 ·· 181
元引受契約　　　　　　推薦書　　　　　　　　推薦審査
監査法人面談　　　　　ファイナンス審査　　　事前相談
引受審査　　　　　　　引受審査資料　　　　　ファイナンス手続き
引受手数料　　　　　　スプレッド方式

株式発行価格の決定 ··· 185
ローンチ　　　　　　　IPOディスカウント　　ロードショー
ロードショー・マテリアル
エクイティ・ストーリー
セールス・フォース・ミーティング　　　　　ドライラン
ワンオンワンミーティング
スモールミーティング　　　　　　　　　　　ラージミーティング
ブックビルディング方式　　　　　　　　　　仮条件
プレヒアリング　　　　競争入札方式　　　　　想定価格

初値

募集・売出 ・・・ 189

委託販売団　　　　　　親引け　　　　　　　　売り先指定
発行価格　　　　　　　公開価格
プライマリープライス　　　　　　　　　　　　流通価格
セカンダリープライス　　　　　　　　　　　　引受価額
払込金額　　　　　　　払込取扱場所　　　　　日経平均
ロックアップ　　　　　DVP決済　　　　　　　配分ルール
銘柄コード

10 証券取引所の役割　　195

本則市場 ・・ 196

東京証券取引所一部　　東京証券取引所二部
名古屋証券取引所一部
名古屋証券取引所二部　　　　　　　　　　　福岡証券取引所本則
札幌証券取引所本則

新興企業向け市場 ・・ 197

マザーズ　　　　　　　JASDAQ　　　　　　　NEO市場
ヘラクレス　　　　　　スタンダード基準　　　グロース基準
セントレックス　　　　Q-Board　　　　　　　アンビシャス

その他市場 ・・・ 201

TOKYO PRO Market　　　　　　　　　　　　J-Adviser
J-QS　　　　　　　　　グリーンシート市場

上場申請 ・・・ 203

上場申請　　　　　　　上場審査　　　　　　　通常申請
予備申請　　　　　　　実地調査(実査)　　　　上場申請書類
Ⅰの部　　　　　　　　Ⅱの部　　　　　　　　特別情報
監査証明　　　　　　　取引所ヒアリング　　　社長面談
監査役面談　　　　　　監査法人ヒアリング
公認会計士ヒアリング　　　　　　　　　　　　社長説明会

上場承認 ・・ 207

上場承認　　　　　上場日　　　　　　　上場セレモニー
株式売買　　　　　トレーディング

11 その他　　　　　　　　　　　　　　209

会社の分類 ・・・・・・・・・・・・・・・・・・・・・・・・・・・・・・・・・・・・・・・ 210

公開会社　　　　　非公開会社　　　　　大会社
親会社　　　　　　子会社

投資家 ・・ 211

アクティブ投資家　パッシブ投資家　　バリュー投資家
グロース投資家

ファンド ・・ 212

ファンドマネージャー　　　　　　　　ヘッジファンド
プライベートエクイティファンド　　　バイアウトファンド
ハンズオン　　　　ハンズオフ　　　　投資事業組合

M&A ・・・ 214

企業再編　　　　　買収防衛策
TOB(株式公開買付け)　　　　　　　　株式譲渡
合併　　　　　　　事業譲渡　　　　　株式交換
株式移転　　　　　会社分割　　　　　MBO
マネジメント・バイアウト　　　　　　MBI
EBO　　　　　　　LBO　　　　　　　表明保証
保証表明　　　　　レプリゼンタティブズアンドワランティー
レプワラ

定款 ・・ 218

定款　　　　　　　株式取扱規程　　　絶対的記載事項
相対的記載事項　　任意的記載事項

法令・ルール設定機関 ……………………………………… 219

FASF	ASBJ	企業会計審議会
FASB	IASB	日本公認会計士協会
日本証券業協会	日本ベンチャーキャピタル協会	
日本取引所グループ	東京証券取引所	大阪証券取引所
札幌証券取引所	名古屋証券取引所	福岡証券取引所
金融庁	財務局	
証券取引等監視委員会		

参考文献　　225

五十音目次

欧文

ASBJ	220
AUP	164
BPS	148
CB	60
CPA	162
CSR	3
CSR 報告書	3,159
DCF 法（ディスカウント・キャッシュ・フロー法）	53
DOE	149
DVP 決済	192
EBO	217
EDINET	149
EPS	147
EUC	118
FASB	220
FASF	219
IASB	220
IPO	2
IPO コンサルタント	9
IPO コンサルティング	181
IPO ディスカウント	185
IR	159
IT 環境	118
IT 業務処理統制	131
IT 全般統制	131
IT の利用及び統制	118
IT への対応	118
J-Adviser	201
J-QS	202
J-SOX	126
J-SOX アドバイザリー	172
JASDAQ	197
LBO	217
M＆A	214
MBI	216
MBO	216
NEO 市場	198
PBR	149
PER	53
Q-Board	200
RCM	131
ROA	148
ROE	148
SOX 法	126
SWOT 分析	119
TDnet	150
TOB（株式公開買付け）	214
TOKYO PRO Market	201
VC	8
Web 開示	140
XBRL	136

あ

アクティブ投資家	211
アニュアルレポート	159
安全衛生管理	105
安定株主対策	42
アンビシャス	200

委員会	78
委員会設置会社	80
意見不表明	163
意匠権	110
委託販売団	189
Iの部	204
一部指定	11
委任状方式	68
インカム・アプローチ	52
インカム・ゲイン	44
インサイダー取引	155
印紙税	109
インセンティブ・プラン	45
インベスター・リレーションズ	159
請負	98
売り先指定	190
売出し	41
エクイティ・ストーリー	186
エクイティファイナンス	38
エンジェル税制	50
大阪証券取引所	222
オーバーアロットメント	61
親会社	210
親会社等	31
親会社等からの独立性の確保	32
親会社等状況報告書	151
親引け	189

か

会計アドバイザリー	168
会計監査	169, 171, 172
会計監査(会社法)	77
会計監査人	89
会計監査人監査	89
会計参与	81
解雇	105
開示すべき重要な不備	129
開示対象期間	39
会社関係者	155
会社説明会	135
会社の分類	210
会社分割	216
会社法	137
会社法による開示	137
回収業務	123
改善報告書	158
確認書	146
確約書	27
課徴金制度	158
合併	215
過年度決算の修正	108
株価収益率	53, 148
株価純資産倍率	148
株券電子化制度	24
株券不発行	26
株懇	159
株式移転	216
株式公開	2
株式交換	215
株式市場	9
株式実務	47
株式事務代行機関	8
株式上場	2
株式譲渡	57, 215

株式譲渡益課税	49	監査補助者	166
株式取扱規程	218	監査役	75
株式の譲渡制限	24	監査役会	76
株式の評価	51	監査役会設置会社	76
株式売買	207	監査役監査	88
株式発行価格の決定	185	監査役・監査役会の役割	75
株式非上場化	3	監査役設置会社	75
株式分割	58	監査役等とのコミュニケーション	171
株式併合	57		
株式名簿管理人	24	監査役の監査報告書	78
兜倶楽部	150	監査役面談	206
株主資本配当率	149	間接開示	134
株主資本利益率	149	間接金融	41
株主総会	66	管理監督者	102
株主総会議事録	70	監理銘柄	33
株主総会参考書類	67	関連会社	91
株主総会の役割	66	関連当事者	90
株主代表訴訟	72		
株主提案	69	機関	65
株主平等の原則	42	機関設計	66
株主名簿	47	機関投資家	9
株主割当増資	58	企業会計審議会	220
仮条件	188	企業価値	51
関係会社	91	企業経営の健全性	27
監査委員会	79	企業行動規範	4
監査意見	22, 162	企業再編	214
監査概要書	174	企業内容等の開示の適正性	29
監査契約	169	企業の継続性及び収益性	27
監査証明	205	企業のコーポレート・ガバナンス及び内部管理体制の有効性	28
監査責任者	166		
監査報告書	90	議決権	70
監査法人	6, 162	議決権行使	67
監査法人ヒアリング	206	議決権所有割合	48
監査法人面談	182	議決権制限株式	72

期首残高監査……………170	形式要件………………15
基準日…………………47	継続開示………………142
偽装請負………………98	継続企業の前提…………23
キックオフミーティング……181	継続所有義務……………39
キャピタル・ゲイン………44	景品表示法………………99
共益権…………………71	契約前…………………167
競業取引………………73	決算財務報告プロセスに係る内部
業績予想の修正…………152	統制…………………128
競争入札方式……………188	決算数値の予想値の修正……156
業務監査………………77	決算スケジュール………135
業務管理体制……………122	決算説明会……………135
業務管理体制の構築……122	決算短信………………152
業務記述書……………130	決算補足説明資料………153
業務執行社員……………165	月次決算………………121
業務執行取締役…………80	決定事実………………156
業務プロセスに係る内部統制…128	原価管理………………124
業務分掌………………86	原価計算制度……………121
銀行……………………7	権限委譲………………85
金商法による開示………140	健康保険法……………107
金商法による行為規制……155	限定付適正意見…………163
金融商品取引法…………140	
金融庁…………………223	合意された手続…………164
	公益通報者保護法………98
グリーンシート市場……202	公開会社………………210
グリーン・シュー・オプション	公開価格………………191
………………………61	公開引受部門……………179
グロース基準……………199	公開前規制………………39
グロース投資家…………212	公告……………………137
	公衆縦覧………………135
経営者確認書……………175	公正取引委員会…………98
経営者ディスカッション……170	厚生年金保険法…………107
計算書類………………138	更正の請求……………108
計算書類の附属明細書……139	公認会計士……………162
形式基準………………14	公認会計士ヒアリング……206

公認会計士法	162
購買管理	123
購買業務	124
公募	42
コーポレート・ガバナンス	64
コーポレート・ガバナンス体制	64
コーポレート・ガバナンス報告書	65
子会社	211
子会社上場	30
子会社上場基準	30
国税庁	108
個人情報保護法	99
コスト・アプローチ	52
固定資産管理	125
5%ルール	145
誤謬	129
個別株主通知	47
雇用保険法	107
コンフォートレター	173
コンプライアンス	96
コンプライアンス委員会	96
コンプライアンス体制	96

さ

財源規制	45
在庫管理	124
財産保全会社	40
財務管理	125
財務局	223
財務諸表等規則	140
債務超過	34
財務報告の信頼性に係る内部統制	126
札幌証券取引所	222
札幌証券取引所本則	196
36協定	101
産業廃棄物処理法	99
三者ミーティング	169
三様監査	87
自益権	71
時価総額	40
事業継続年数	20
事業譲渡	215
事業等のリスク	154
事業報告	138
事業報告の附属明細書	139
資金管理	125
自己株券買付状況報告書	151
自己株式	71
自己株式の取得・処分・消却	57
自己資本比率	148
自己資本利益率	148
資産管理会社	41
市場変更	11
事前相談	182
下請法	97
実査,立会,確認	170
実質基準	15
実地調査(実査)	204
実用新案権	110
指定替え	11
指定振替機関	26
指定有限責任社員	165

支配株主等に関する事項……153	主要株主……………………… 43
支払業務………………………124	主要株主の異動………………146
四半期決算短信………………153	種類株式……………………… 58
四半期報告アドバイザリー……171	純資産価額方式……………… 56
四半期報告書…………………145	純資産の額…………………… 20
四半期レビュー………………172	償却資産税……………………109
四半期レビュー報告書………174	常勤監査役…………………… 77
資本コスト…………………… 54	証券アナリスト…………………9
資本政策……………………… 38	証券印刷会社……………………7
資本政策上の主な手法……… 57	証券会社…………………7,178
資本的関係会社……………… 92	証券会社ヒアリング…………173
指名委員会…………………… 78	証券市場…………………………9
社外監査役…………………… 82	証券取引所………………………6
社外取締役…………………… 82	証券取引所ヒアリング………173
社会の公器………………………4	証券取引等監視委員会………223
社外役員……………………… 81	証券保管振替機構…………… 25
社長説明会……………………206	招集通知………………………137
社長面談………………………206	上場会社コーポレート・ガバナンス原則………………………… 64
社内規程……………………… 87	上場基準……………………… 14
収益還元法…………………… 55	上場時価総額………………… 18
重加算税………………………109	上場時株主数………………… 16
従業員代表……………………102	上場時公募・売出…………… 17
従業員持株会………………… 46	上場準備期間…………………180
就業規則………………………101	上場準備指導契約……………180
修正申告………………………108	上場承認………………………207
集団的意思決定……………… 86	上場審査………………………203
12時間ルール…………………157	上場申請…………………181,203
重要事実………………………156	上場申請書類…………………204
重要事実の公表………………157	上場セレモニー………………207
縦覧期間………………………136	上場の意義………………………2
主幹事証券会社………………178	上場廃止……………………… 32
主幹事宣言……………………180	上場廃止基準………………… 33
主査……………………………166	上場日…………………………207
受注業務………………………122	

上場前規制	38
少数株主	43
少数株主権	43
少数特定者持株比率	19
譲渡制限株式	48
常任代理人	67
商標権	111
情報と伝達	117
ショートレビュー	168
書面決議	75
書面投票制度	67
新株予約権	59
新株予約権付社債	60
新興企業向け市場	10, 197
新興市場	10
審査部門	180
シンジケートカバー取引	61
人事労務管理	125
申請期	167, 172
申請書類作成アドバイザリー	172
人的関係会社	93
推薦書	182
推薦審査	182
スタンダード基準	198
ステークホルダー	4
ストック・オプション	59, 85
スプレッド方式	184
スモールミーティング	187
税制適格ストック・オプション	50
税務コンプライアンス	108
整理銘柄	34
セールス・フォース・ミーティング	186
セカンダリープライス	191
責任限定契約	74
セクシャル・ハラスメント	106
絶対的記載事項	218
説明義務	68
潜在株式	49
潜在株式調整後1株当たり当期純利益	147
全社的な内部統制	128
セントレックス	199
総株主通知	47
創業者利潤	44
相互保有株式	71
総資産利益率	148
相対的記載事項	219
想定売出価格	20
想定価格	188
想定発行価格	19
遡及監査	171
組織図	86
組織的経営	85
その他公益または投資者保護の観点から証券取引所が必要と認める事項	29
その他市場	201
その他の関係会社	91

た

大会社	210
第三者割当増資	57
代表取締役	80

代理人による株主総会出席……66	東京証券取引所一部……………196
大量保有報告書………………145	東京証券取引所二部……………196
蛸配当……………………… 45	投資家…………………………211
単元株制度………………… 17	投資事業組合…………………213
	投資単位の引下げに関する方針等
知的財産権……………………110	……………………………154
中期経営計画…………………119	統制活動………………………116
忠実義務…………………… 73	統制環境………………………115
直接開示………………………134	同族関係者………………… 51
直接金融…………………… 41	特殊決議…………………… 70
直前期…………………167,171	独占禁止法………………… 97
直前々期………………167,169	特定監査役………………… 89
著作権…………………………111	特定子会社……………………152
	特定取締役………………… 90
追記情報………………………165	独任制……………………… 76
通常申請………………………203	特別決議…………………… 69
	特別口座…………………… 49
定款……………………………218	特別情報………………………205
ディスクロージャー…………134	特別取締役………………… 74
訂正届出書……………………142	特別利害関係者……………… 92
訂正報告書……………………147	特別利害関係者等…………… 92
訂正目論見書…………………143	特別利害関係取締役………… 74
適格要件…………………… 15	独立監査人……………………166
適時開示………………………150	独立監査人の監査報告書…164,173
デット・エクイティ・スワップ	独立監査役………………… 83
（DES）…………………… 60	独立性…………………………166
テリトリー制……………… 10	独立的評価……………………117
転換社債…………………… 60	独立取締役………………… 83
電子開示………………………149	独立役員…………………… 82
電子公告………………………140	独立役員届出書……………… 83
電子投票制度……………… 67	特許権…………………………110
	トップダウン…………………120
動議………………………… 68	ドライラン……………………186
東京証券取引所………………221	取締役……………………… 78

取締役会……………………72	二重責任の原則……………164
取締役会設置会社……………73	日常的モニタリング…………117
取締役会への報告の省略………75	日経平均……………………192
取締役・取締役会の役割………72	Ⅱの部………………………205
取引先持株会……………… 46	日本公認会計士協会…………220
取引所規則の遵守に関する確認書	日本証券業協会………………221
……………………158	日本取引所グループ…………221
取引所ヒアリング……………205	日本ベンチャーキャピタル協会
取引事例法……………………56	……………………221
トレーディング………………208	任意的記載事項………………219

な
内部監査……………………… 88
内部監査人…………………… 88
内部者取引……………………155
内部統制……………………114
内部統制アドバイザリー……168
内部統制監査……………127, 172
内部統制監査報告書……………127
内部統制システム……………114
内部統制の４つの目的…………114
内部統制の６つの基本的要素…115
内部統制の運用状況の評価……127
内部統制の限界………………119
内部統制の構築………………127
内部統制の整備状況の評価……127
内部統制の不備………………129
内部統制報告書……………… 24
内部統制報告制度……………126
名古屋証券取引所……………222
名古屋証券取引所一部…………196
名古屋証券取引所二部…………196
名ばかり管理職………………102

は
パートタイム…………………104
バイアウトファンド…………213
買収防衛策……………………214
配当可能利益…………………45
配当還元方式…………………56
配当性向……………………149
配当政策……………………154
配当予想の修正………………152
配当利回り…………………154
売買単位……………………… 18
配分ルール…………………192
派遣労働……………………104
発行開示……………………141
発行価格……………………190
発行可能株式総数………………48
発行済株式総数…………………48
発行登録書…………………144
発行登録制度…………………144
発行登録追補書類……………144
パッシブ投資家………………211
発生事実……………………156
発注業務……………………124

五十音目次

初値	189	不正	129
パブリック・カンパニー	3	不正競争防止法	97
払込金額	191	附属明細書	139
払込取扱場所	192	普通決議	69
バリュー投資家	211	ブックビルディング方式	187
バリュエーション	52	不適正意見	163
パワー・ハラスメント	106	不適当な合併等	34
反社会的勢力	5	浮動株式数	17
ハンズオフ	213	プライバシーマーク	99
ハンズオン	213	プライベートエクイティファンド	212
販売管理	122	プライマリープライス	191
販売業務	123	ブラック企業	100
引受価額	191	フリー・キャッシュ・フロー	54
引受コンサルティング	180	プレイヤー	6
引受審査	183	プレヒアリング	188
引受審査資料	183	フローチャート	130
引受シンジケート団	178	プロキシー・ファイト	68
引受手数料	184	分配可能額	44
引受部門	179		
非公開会社	210	ヘッジファンド	212
1株当たり純資産額	147	ヘラクレス	198
1株当たり当期純利益	147	ベンチャー企業投資促進税制	50
表明保証	217	ベンチャー・キャピタル	8
ファイナンス審査	182	報酬委員会	79
ファイナンス手続き	183	法人営業部門	179
ファンド	212	法定開示	134
ファンドマネージャー	212	法定労働時間	103
風説の流布	157	法務コンプライアンス	97
福岡証券取引所	222	法令・ルール設定機関	219
福岡証券取引所本則	196	補欠監査役	76
副幹事証券会社	178	募集	41
不受理項目	26	募集・売出	189

募集株式……………………48	役員持株会……………………46
保証表明……………………217	役職の兼務……………………86
ボトムアップ…………………121	雇止め………………………105
本則市場………………10, 196	
	有価証券通知書……………141
ま	有価証券届出書……………142
マーケット・アプローチ………53	有価証券報告書……………145
マザーズ……………………197	有価証券報告書の添付書類……146
マネジメント・バイアウト……216	有利発行……………………62
マンデート…………………180	
	予算制度……………………120
みなし裁量労働制……………103	与信管理業務………………123
未払い賃金…………………104	予備申請……………………204
	予備調査……………………167
無議決権優先株………………59	
無限定適正意見……………163	**ら**
	ラージミーティング……………187
銘柄コード…………………193	
	利益管理体制………………119
目論見書……………………142	利益相反取引…………………73
持ち合い………………………45	利益の額………………………21
持分法適用会社………………92	利害関係者……………………4
元引受契約…………………181	リスク………………………115
モニタリング…………………117	リスクコントロール・マトリクス………………………130
	リスクの評価………………116
や	リスクの評価と対応…………116
役員賞与………………………84	リスクへの対応……………116
役員退職慰労金………………84	リスク・マネジメント………155
役員に関する事項……………78	流通価格……………………191
役員の解職……………………81	流通株式数……………………16
役員の解任……………………81	流通株式比率…………………19
役員の選定……………………81	流動性…………………………40
役員の選任……………………80	稟議制度………………………87
役員報酬………………………84	

臨時報告書……………………146	労働安全衛生法…………………106
倫理・社会的責任…………………3	労働基準監督署…………………104
	労働基準法………………………100
類似会社比準法……………………55	労働協約…………………………102
類似業種比準方式…………………56	労働契約法………………………100
	労働災害…………………………106
レビュー…………………………164	労務コンプライアンス…………100
レプリゼンタティブズアンドワラ	ロックアップ……………………192
ンティー………………………218	ロードショー……………………185
レプワラ…………………………218	ロードショー・マテリアル……186
連結経営……………………………87	ローリング方式…………………120
連結計算書類……………………138	ローンチ…………………………185
連結財務諸表規則………………141	

わ	
労災………………………………106	割増賃金…………………………103
労使協定…………………………101	ワンオンワンミーティング……187

1
上場全般

　新規上場にあたって，会社に係る利害関係者は増加し，倫理性や社会的責任をより求められるなど会社を取り巻く環境が大きく変化するのに伴って，新たな実務知識が必要になります。そこで本章では，まず上場の意義について説明します。そして，倫理・社会的責任，上場に至る過程および上場後に登場する各プレイヤーの役割や会社が参加することになる株式市場についても説明します。

上場の意義

IPO〔Initial Public Offering〕
　新規公開もしくは株式上場ともいう。一般的には上場していない株式(未上場株式)を証券取引所において売買可能にすることをいう。通常同時に公募増資，株式売出しを行うため，Initial(初めての)Public Offering(公募増資・株式売出し)といわれる。IPOを行うことで，企業は証券市場からの資金調達が可能となり，既存株主にとっては保有株式の市場売却という手段により換金性が高まる。また，知名度が上がることや，未上場時と比較しての信用度の向上というメリットを享受する一方，企業情報の開示を求められることや，投資家からの評価を問われるなどデメリットもある。
【関連用語】株式公開，株式上場

株式公開(かぶしきこうかい)
　株式会社が，創業者やその家族，親類などの限られた少数株主により所有され，株式の譲渡に制限が置かれている状態(未公開会社)から，不特定多数の株主により所有され，株式市場で自由な売買が可能な状態(公開会社)となることをいう。一般的にはIPO，株式上場，新規公開ともいう。ただ，厳密には株式公開と株式上場は同義ではなく，また，公開会社と上場会社も同義ではない。グリーンシート市場で売買されている会社は未上場会社ではあるが，定款の譲渡制限が撤廃されており自由な売買が可能なため公開会社といえる。
【関連用語】IPO，株式上場

株式上場(かぶしきじょうじょう)
　→ IPO [p.2]

株式非上場化（かぶしきひじょうじょうか）

　証券取引所において売買可能な株式の上場を廃止することをいう。上場廃止になると，少数株主を始めとした株主の保有株式の流動性を奪うことにもなることから，少数株主への投下資本回収機会の提供を行いつつ株式非上場化を図ることが一般的に行われている。経営陣が買収することを MBO(Management Buy-out)，従業員が買収することを EBO(Employee Buy-out)という。
【関連用語】MBO，EBO

倫理・社会的責任

パブリック・カンパニー〔public company〕

　一般的には，株式を上場している会社のことをいう。市場での株式売買によって，不特定多数の投資家が株主として会社を所有できるようになるため，企業の社会的責任への対応も求められるようになる。
【関連用語】株式上場

CSR〔Corporate Social Responsibility〕

　企業の社会的責任のことをいう。企業は利益追求だけでなく，企業活動があらゆるステークホルダーへ与える影響に責任をもち，環境面や労働，安全衛生，人権，社会貢献等の社会的側面の取り組みを行っている。
【関連用語】CSR 報告書，ステークホルダー

CSR 報告書（しーえすあーるほうこくしょ）

　企業が，環境や社会問題などに対して CSR の考え方に基づき行っている社会貢献に関する情報や事業活動に伴う環境負荷等に関する取り組みについて取りまとめた報告書のことをいう。1990 年代後半の地球環境保護への関心の高まりとともに，ISO14001 などの環境マネ

ジメントシステムへの取り組みが進むにつれて環境情報開示の手段として環境報告書の作成と開示が急速に広まった。日本では当時の環境庁が 1997 年に環境報告書ガイドラインを制定している。また国際的には 2000 年 6 月にオランダの NGO である GRI(Global Reporting Initiative)が CSR ガイドラインを発行している。
【関連用語】CSR

社会の公器 (しゃかいのこうき)
　社会共有のものであり，社会に役立つもののことをいう。経営形態は私企業であっても企業経営は広く社会から経営資源(人・物・金)の提供を受け，社会生活に欠かせない商品・サービスを提供している。また，労働の場を提供していることにおいても，社会共有のものであるといわれる。

ステークホルダー〔stakeholder〕
　企業活動に直接的，間接的な利害関係をもつ者をいう。株主や投資者，債権者，顧客，取引先，従業員等があり，広義には地域社会や社会全般を含めることもある。企業の社会的責任への意識の高まり，特に社会が多様化し，従前のメインバンクや系列企業，監督官庁といった特定の企業関係者との関係が崩れ，企業の社会性が重視されるに伴い，企業経営はこれらのステークホルダーの利害を重視するようになっている。
【関連用語】CSR

利害関係者 (りがいかんけいしゃ)
　→ステークホルダー [p.4]

企業行動規範 (きぎょうこうどうきはん)
　上場会社は証券市場を構成する一員としての自覚をもち，会社情報の開示をいっそう充実させることにより透明性を確保することに加え，投資者保護および市場機能を適切に発揮するという観点から，企業行動に対して適切な対応をとることを定めた取引所規則をいう。企

業行動規範は、上場会社として最低限守るべき事項を明示する遵守すべき事項と上場会社に対する要請事項を明示し努力義務を課す望まれる事項により構成されており、遵守すべき事項に違反した場合には、公表措置等により実効性が確保されるようにしている。

反社会的勢力 (はんしゃかいてきせいりょく)

暴力、威力と詐欺的手法を駆使して経済的利益を追求する集団または個人をいう。市民社会の秩序や安全に脅威を与え、経済活動にも障害となることから、当該者との関与が認められる場合、株式上場の支障となる。日本証券業協会の定款の施行に関する規則15条では反社会的勢力を以下のとおり定義している。

① 暴力団(暴力団員による不当な行為の防止等に関する法律2条2号に規定する暴力団)

② 暴力団員(暴力団員による不当な行為の防止等に関する法律2条6号に規定する暴力団員)

③ 暴力団準構成員(暴力団員以外の暴力団と関係を有する者であって、暴力団の威力を背景に暴力的不法行為等を行うおそれがある者、又は暴力団若しくは暴力団員に対し資金、武器等の供給を行うなど暴力団の維持若しくは運営に協力し、若しくは関与する者)

④ 暴力団関係企業(暴力団員が実質的にその経営に関与している企業、準構成員若しくは元暴力団員が経営する企業で暴力団に資金提供を行うなど暴力団の維持若しくは運営に積極的に協力し若しくは関与する企業又は業務の遂行等において積極的に暴力団を利用し暴力団の維持若しくは運営に協力している企業)

⑤ 総会屋等(総会屋、会社ゴロ等企業等を対象に不正な利益を求めて暴力的不法行為等を行うおそれがあり、市民生活の安全に脅威を与える者)

⑥ 社会運動等標ぼうゴロ(社会運動若しくは政治活動を仮装し、又は標ぼうして、不正な利益を求めて暴力的不法行為等を行うおそれがあり、市民生活の安全に脅威を与える者)

⑦ 特殊知能暴力集団等(①から⑥までに掲げる者以外の、暴力団との関係を背景に、その威力を用い、又は暴力団と資金的なつながりを有し、

構造的な不正の中核となっている集団又は個人）
⑧ その他①〜⑦に準ずる者

プレイヤー

証券取引所（しょうけんとりひきじょ）
　内閣総理大臣の免許を受けて株式や債券等の有価証券を売買するための金融商品取引所を開設する株式会社または証券会員制法人をいう。これらの開設する市場に有価証券を上場することにより，市場を通じた有価証券の流通，資金調達が可能になる。2007年9月30日に証券取引法が金融商品取引法に改正されたことに伴って，旧証券取引法上の証券取引所と旧金融先物取引法(廃止)上の金融先物取引所とも，法律上は金融商品取引所となったが，名称については名称または商号に取引所という文字を用いなければならないと定められたのみであったため，旧証券取引法時代から存在する証券取引所は引き続き証券取引所を名乗っている。
　金融商品取引所は現在5法人あり，旧証券取引所である東京(2013年7月に大阪証券取引所を併合)，名古屋，札幌および福岡の4法人，旧金融先物取引所である東京金融取引所からなる。証券取引所のうち，東京および名古屋の2法人が株式会社であり，札幌および福岡の2法人が証券会員制法人である。なお，世界の主要な証券取引所として，ニューヨーク証券取引所，ロンドン証券取引所等がある。
【関連用語】金融商品取引法，IPO，株式公開，株式上場

監査法人（かんさほうじん）
　公認会計士法に基づき，5名以上の公認会計士を社員として共同で設立する法人のことをいう。会計監査等を組織的に行い，監査証明や保証業務，各種アドバイザリー業務等を提供することを主な業務とする。

株式公開すると上場企業は有価証券報告書等を作成し，これらを内閣総理大臣に提出する義務が生じるが，そのなかに含まれる財務諸表等の適正性について監査法人または公認会計士による意見表明が必要となる。また，上場前であっても上場直前の財務諸表等の適正性に関する意見表明を行うための監査や予備調査，会計または内部統制に関するアドバイス等を行う。
【関連用語】公認会計士，予備調査，監査意見

証券会社 (しょうけんがいしゃ)

金融商品取引法に基づいて，株式や公社債，投資信託などの売買やその取次ぎ，引受けなどを行う会社をいう。
【関連用語】主幹事証券会社

証券印刷会社 (しょうけんいんさつがいしゃ)

有価証券報告書，有価証券届出書等の開示書類，Ⅰの部，Ⅱの部等の上場申請書類の印刷を請負うほか，記載様式の提供や記載内容のチェックを行う会社をいう。特定の会社が指定されているわけではないが，金融商品取引法や企業内容等の開示に関する内閣府令に精通し，必要となる開示書類，上場申請書類の様式や内容の変更を熟知している必要があるため，証券印刷業務に特化した複数社が主に利用されている。
【関連用語】有価証券報告書，有価証券届出書，訂正届出書，四半期報告書，目論見書，訂正目論見書，Ⅰの部，Ⅱの部

銀行 (ぎんこう)

上場準備段階の銀行の役割としては，株式上場を目指す会社に対する資金の出し手(貸付，出資)としての役割と資本政策や人材紹介等の株式上場に関する相談相手としての役割があげられる。資金の供給という銀行の本業を通じて，場合によってはベンチャー・キャピタルと異なり，上場後も引き続き長期的な安定株主となってもらうことが可能である。また，上場準備段階で不足しがちな管理部門系の人材を紹介してもらうこと等も可能である。

【関連用語】ベンチャー・キャピタル

株式事務代行機関 (かぶしきじむだいこうきかん)

　会社法123条に定める株主名簿管理人のことをいう。株式事務代行機関は、株主名簿管理人となり株主名簿の作成、備置き、その他株式全般の事務を代行する。このため株式事務代行機関は株式発行会社に代わり、規模・組織等において、投資者の信頼、利便を得られることが必要とされ、証券取引所が現在承認している株式事務代行機関は、信託銀行ならびに、東京証券代行㈱、日本証券代行㈱および㈱アイ・アールジャパンである。形式基準上、株主保護を図る観点から、上場申請日までに証券取引所の承認する株式事務代行機関に株式事務を委託しているか、または当該株式事務代行機関から受託する旨の内諾を得ていることが必要である。
【関連用語】形式基準、株式名簿管理人

ベンチャー・キャピタル〔venture capital〕

　将来、株式上場を目指す会社に出資を行い、上場後に株式を売却すること等によりキャピタル・ゲイン(売却益)を獲得することを目的とする投資家をいう。類型としては、銀行系、証券会社系、独立系などがある。また、会社への関与度合いについても、資金のみを提供するハンズオフ型から役員や従業員を派遣し積極的に経営に参画するハンズオン型までさまざまである。

　上場関連費用や成長のための事業投資で資金が不足しがちな会社にとっては、貴重な資金の調達先であり、かつ上場準備のノウハウも豊富であることから、重要なパートナーとなる。一方で上場後の株式売却によるキャピタル・ゲインの獲得が前提となることから、上場準備が難航した場合には株式の買取りを迫られたり、上場後の株価の下落要因となることもある。
【関連用語】VC、ハンズオン、ハンズオフ、キャピタル・ゲイン

VC〔Venture Capital〕
　→ベンチャー・キャピタル［p.8］

IPO コンサルタント〔IPO consultant〕

上場準備会社に対して，上場準備に係るあらゆる面でサポートを行うコンサルタントをいう。主幹事証券会社や監査法人のように資格要件が存在せず，証券会社の引受部門や監査法人出身者，一般企業での上場準備実務経験者が多いことから，専門分野やサービスの内容，ネットワーク等，コンサルタントとしての特色が大きく異なる。
【関連用語】引受部門，監査法人

証券アナリスト〔securities analyst〕

証券投資の分野において，高度の専門知識と分析技術を応用し，国内外の経済や企業などに関する各種情報の収集および分析と投資価値の評価等を行い，投資助言や投資管理サービスを提供する専門家のこと。販売者である証券会社側のアナリストをセルサイド・アナリストといい，主に証券を販売する際の販促用のレポートを作成する。一方，購入者である投資家側のアナリストをバイサイド・アナリストといい，主に投資で利益をあげるための助言やレポートの作成をする。

機関投資家 (きかんとうしか)

他人から委託された資金を運用・管理する法人投資家の総称をいう。具体的には，生命保険会社や投資信託会社，信託銀行，年金信託，ヘッジファンドなどがある。個人投資家と異なり，資金量や情報量が大きいため，金融市場に与える影響力や存在感は大きい。

株式市場

証券市場 (しょうけんしじょう)

株式や債券などの有価証券が新たに発行される発行市場と発行された有価証券が売買を通じて流通していく流通市場の総称をいう。証券市場においては，適格性のある企業の有価証券が公正かつ円滑に取引

され，その決済を保証することが必要となるが，当該機能は証券取引所が担っている。証券取引所は，上場審査や上場規則の策定等を通じて，上場される有価証券の適格性を担保している。
【関連用語】証券取引所

本則市場 (ほんそくしじょう)
　新興企業向け市場とは違い，財務基盤や事業基盤が安定しており，社会的信頼性の相対的に高い企業が上場している市場をいう。そのため，本則市場では上場基準について新興企業向け市場よりも厳しい条件が設定されている。東京証券取引所，名古屋証券取引所の2市場の本則市場は，市場第一部・第二部と分かれており，札幌証券取引所，福岡証券取引所は分かれていない。
【関連用語】一部指定，新興企業向け市場

新興企業向け市場 (しんこうきぎょうむけしじょう)
　本則市場と比べて上場基準が緩和されており，比較的規模の小さい企業や設立後間もない企業にも株式上場を可能とする市場をいう。将来性はあるが実績が十分でない新興企業に成長資金獲得の場を提供することを目的として設立された。新興企業向け市場は，東京証券取引所ではマザーズおよびJASDAQ，名古屋証券取引所ではセントレックス，福岡証券取引所ではQ-Board，札幌証券取引所ではアンビシャスと，各証券取引所で開設されている。
【関連用語】本則市場，新興市場

新興市場 (しんこうしじょう)
　→新興企業向け市場［p.10］

テリトリー制 (てりとりーせい)
　証券取引所の管轄する「周辺地域」が定められ，その周辺地域内に営業の主体(本店所在地等)を有する会社のみ上場申請を受け付けることとする制約をいう。現在では福岡証券取引所Q-Boardを除き制約はない。

市場変更 (しじょうへんこう)

　一般的には,上場銘柄の所属する市場を変更することをいう。なお,東京証券取引所では,一部から二部への変更を「指定替え」,二部から一部への変更を「一部指定」というため,これらを除く市場の変更を「市場変更」という。
【関連用語】一部指定,指定替え

指定替え (していがえ)

　上場銘柄の所属する本則市場において市場第一部から市場第二部に指定されることをいう。株主数や流通株式に関する基準等が取引所の有価証券上場規程や同施行規則に定められている。
【関連用語】一部指定

一部指定 (いちぶしてい)

　上場銘柄の所属する本則市場において市場第二部から市場第一部に指定されることをいう。東京証券取引所では,市場第二部上場会社が市場第一部指定申請を行い,有価証券上場規程および上場審査等に関するガイドラインに基づいて審査を行った結果,基準に適合すると認められる場合に,市場第一部銘柄への指定が行われるが,一部指定日時点において,上場後1年以上を経過していることが必要である。
【関連用語】本則市場,指定替え

2

上場審査基準

　会社が株式上場を実現していくためには，証券取引所の上場審査にパスする必要があります。その際に遵守すべきものとして，上場審査基準には形式基準と実質基準があり，各証券取引所およびその上場区分ごとに異なる内容で定められています。会社が上場を目指す場合には，取引所の上場審査基準を念頭に入れることが必要となります。そこで本章では，上場審査基準にまつわる全般的事項，形式基準，実質基準，子会社上場，上場廃止に関する事項といった基本的事項について説明します。

全般的事項

上場基準（じょうじょうきじゅん）
　株式を証券取引所に上場させ取引の対象とするために満たすべき基準であり，純資産や利益の額，株主数などについて数量的な要件を定めた形式基準(形式要件)と，上場会社にふさわしい経営管理体制があることを定めた実質基準(適格要件)の2つに分類される。詳細な要件については，各証券取引所およびその上場区分ごとに異なるものが定められている。
【関連用語】形式基準，形式要件，実質基準，適格要件

形式基準（けいしききじゅん）
　株式を上場する場合に最低限充足すべき上場審査の基準をいう。証券取引所によって審査基準の内容は異なるが，東京証券取引所の本則市場では次の項目が定められている。
　① 　株主数
　② 　流通株式(流通株式数，流通株式時価総額，流通株式比率)
　③ 　時価総額
　④ 　事業継続年数
　⑤ 　純資産の額
　⑥ 　利益の額または時価総額
　⑦ 　虚偽記載または不適正意見等および上場会社監査事務所による監査
　⑧ 　株式事務代行機関の設置
　⑨ 　単元株式数および株券の種類
　⑩ 　株式の譲渡制限
　⑪ 　指定振替機構における取扱い
　⑫ 　合併等の実施の見込み
　対象となる市場を選択する場合には，まず形式基準を念頭に入れる

ことが重要となる。
【関連用語】実質基準

形式要件 (けいしきようけん)
→形式基準［p.14］

実質基準 (じっしつきじゅん)
上場会社としてふさわしい実体を備えているかどうかを審査するために設定された上場審査基準のことをいい，東京証券取引所の本則市場では以下の5項目が定められている。
① 企業の継続性および収益性
② 企業経営の健全性
③ 企業のコーポレートガバナンスおよび内部管理体制の有効性
④ 企業内容等の開示の適正性
⑤ その他公益または投資者保護の観点から取引所が必要と認める事項

実質基準のなかでは以上5項目の適格要件とそれに基づく主な項目と具体的な判断基準が定められているが，上場適格性は，上場予定会社の規模や事業内容等の個別の事情を踏まえて総合的に判断されることになっており，数値等，明確に定められた基準への適合性が確認される形式基準とは異なる。上場申請後の書面，口頭による質疑等一連の上場審査手続きは，主に実質審査手続きであり，上場申請のための有価証券報告書等の審査資料も，実質基準の用に供するために作成される。
【関連用語】形式基準

適格要件 (てきかくようけん)
→実質基準［p.15］

形式基準（形式要件）

上場時株主数（じょうじょうじかぶぬしすう）
　取引市場において株式の流通性を確保し，健全な価格形成が行われるために，上場時に求められる一定の株主数をいう。
【関連用語】形式基準，流通株式数

流通株式数（りゅうつうかぶしきすう）
　株式市場において流通性が期待される株式をいう。上場申請会社の発行済株式総数から流通性の乏しい株式等の数を減じて算定される。流通性の乏しい株式とは，新規上場の場合，次の①〜⑥の者が所有する株式を合算するが，同じ者が所有する株式については重複して計算はしない。
　① 申請会社(所有する自己株式)
　② 申請会社の役員(役員持株会を含み，取締役，会計参与(会計参与が法人であるときはその職務を行うべき社員を含む)，監査役，執行役(理事および監事その他これらに準ずるものを含む)をいう)
　③ 申請会社の役員の配偶者および2親等内の血族
　④ 申請会社の役員，役員の配偶者および2親等内の血族により総株主の議決権の過半数が保有されている会社
　⑤ 申請会社の関係会社(財規8条8項に規定する関係会社をいう)およびその役員
　⑥ 有価証券の数の10％以上を所有する者または組合

　ただし，⑥のうち，a．投資信託または年金信託に組み入れられている有価証券，その他投資一任契約その他の契約または法律の規定に基づき信託財産について投資をするのに必要な権限を有する投資顧問業者または信託業務を営む銀行等が当該権限に基づき投資として運用することを目的とする信託に組み入れられている有価証券，b．投資法人または外国投資法人の委託を受けてその資産の保管に係る業務を行

う者が当該業務のため所有する有価証券,c. 証券金融会社または金融商品取引業者が所有する有価証券のうち信用取引に係る有価証券,d. 預託証券に係る預託機関(名義人を含む)の名義の有価証券,e. その他当該有価証券の数の10%以上を所有する者以外の者が実質的に所有している有価証券のうち,取引所が適当と認めるものについては,実質的に多数の小口投資の集積と考えられることから,流通性の乏しい株式等の数からは除外される。
【関連用語】形式基準

浮動株式数(ふどうかぶしきすう)
→流通株式数 [p.16]

単元株制度(たんげんかぶせいど)
　株主総会での議決権行使や株式売買を円滑にするために,必要な一定の株数をまとめ1単元とする制度をいう。株式会社は,その発行する株式について,一定の数の株式をもって株主が株主総会または種類株主総会において一個の議決権を行使することができる一単元の株式とする旨を定款で定めることができる(会188条)。単元株式数に満たない数の株式(単元未満株式)を有する株主(単元未満株主)は,その有する単元未満株式について,株主総会および種類株主総会において議決権を行使することができない。
　また,現在はすべての上場会社が1単元を1,000株以下としているが,複数の売買単位が存在することは,使い勝手の悪さや誤発注リスクの要因と認識されており,全国証券取引所に上場する内国会社の普通株式の売買単位(単元株式数)を100株に集約することを最終的な目標としているため,上場申請会社に対しては,単元株式数を100株とすることが求められている。
【関連用語】形式基準

上場時公募・売出(じょうじょうじこうぼ・うりだし)
　新規上場に伴い実施する公募増資または株式売出しのことをいう。一定量以上の流通株式数および株主数を作り,上場後の株式の流動性

を確保することを目的としており，公募増資と株式売出しの併用，公募増資のみ，株式売出しのみのいずれかの選択が可能である。新興市場のうち，東京証券取引所マザーズ，福岡証券取引所 Q-Board では上場に際して 500 単位以上の公募増資の実施が求められている。

　また東京証券取引所 JASDAQ では公募増資または株式売出しの合計株数(公開株式数)について，① 1,000 単位または②上場時に見込まれる上場株式 10% のいずれか多い株式数以上であることが求められている。

【関連用語】形式基準

売買単位 (ばいばいたんい)

　投資家が売買可能な取引単位であり，企業が定款で定める一単元の株式数をいう。形式基準上，上場時に単元株式数が 100 株となる見込みのあることが必要となり，上場申請の際に，定款等諸規則や登記事項証明書等の上場申請書類に基づき単元株制度採用の有無および単元株式数が確認される。なお，上場申請の段階で単元株制度を採用していない場合や単元株式数が 100 株でない場合は，上場審査期間内に単元株制度の採用や単元株式数の変更を行うこととなる。

【関連用語】単元株制度

上場時価総額 (じょうじょうじかそうがく)

　上場時において見込まれる上場株式数(自己株式を除く)に株価を乗じて算定された金額をいう。また，株価については，上場申請会社が未上場会社の場合は，その見込み価格(想定発行価格)を用いる。上場申請会社が既上場会社の場合(他市場経由上場等)で，上場申請に係る公募増資または株式売出しを行う場合には，公募増資または株式売出しの見込み価格と上場を承認する日の前々日以前 1ヵ月間における株式の最低価格のいずれか低い価格を用い，上場申請に係る公募増資または株式売出しを行わない場合には，上場を承認する日の前々日以前 1ヵ月間における株式の最低価格を用いる。

【関連用語】形式基準，想定発行価格

流通株式比率 (りゅうつうかぶしきひりつ)

上場株式数に対する流通株式数の占める割合を示す指標である。

流通株式比率(%) = 流通株式数 ÷ 上場株式数 × 100

流通株式比率が高い銘柄と比較して、流通株式比率が低い銘柄は流通している株式が少ないことを意味している。

【関連用語】流通株式数

少数特定者持株比率 (しょうすうとくていしゃもちかぶひりつ)

少数特定者持株数を上場申請会社の発行済株式総数で除して算出した比率をいう。現在では、札幌証券取引所本則市場、福岡証券取引所本則市場以外の市場では上場審査基準からは外れている。少数特定者持株数とは、以下①～⑥をいう。

① 申請会社が所有する自己株式
② 申請会社の役員(役員持株会を含み、取締役、会計参与(会計参与が法人であるときはその職務を行うべき社員を含む)、監査役、執行役(理事および監事その他これらに準ずるものを含む)をいう)が所有する株式
③ 申請会社の役員の配偶者および二親等内の血族が所有する株式
④ 申請会社の役員、役員の配偶者および二親等内の血族により総株主の議決権の過半数が保有されている会社が所有する株式
⑤ 申請会社の関係会社(財規8条8項に規定する関係会社をいう)およびその役員が所有する株式
⑥ 大株主上位10名(従業員持株会を除く)が所有する株式

【関連用語】形式基準

想定発行価格 (そうていはっこうかかく)

有価証券届出書提出時に算定された想定株価で、有価証券届出書(目論見書)に記載される。有価証券届出書に記載される株式の発行価額の総額または売出価額の総額(見込額)の算定のもとになる価格をいう。一般に想定発行価格は、主幹事証券会社がアナリストの意見、評価等を参考にマーケット環境・類似会社の株価動向等を勘案のうえ算定する。

【関連用語】上場時価総額，有価証券届出書，想定価格

想定売出価格 (そうていうりだしかかく)
→想定発行価格 [p.19]

事業継続年数 (じぎょうけいぞくねんすう)
　企業が継続して事業活動を行っている年数をいう。各証券取引所の本則市場では上場申請日の直前事業年度の末日から起算して3ヵ年以前から取締役会を設置して，かつ，上場申請日の直前事業年度の末日において，上場申請日における主要な事業に関する活動を3ヵ年以上継続して行っていることが必要とされる。東京証券取引所マザーズ，名古屋証券取引所セントレックス，札幌証券取引所アンビシャス，福岡証券取引所 Q-Board といった新興市場では，上場申請日から起算して1年より前から，取締役会を設置して継続的に事業活動を行っていることを求めているが，上場申請日において取締役会を設置してから1年以上経過した会社であって，申請会社の成長に係る評価の対象となる事業の事業継続期間が1年未満であっても，それ以前から他の事業を継続して行っていれば，継続的な事業活動に係る基準を充足することとしている。
　一方，東京証券取引所 JASDAQ では，事業継続年数について上場審査基準上で明文化はされていないが，会社の機関設計に関し，JASDAQ スタンダードにおいては上場時点において取締役会や監査役会などが設置されていることが必要とされ，JASDAQ グロースにおいては上場日から1年を経過した日以後，最初に終了する事業年度に係る定時株主総会の日までに設置されていることが必要とされている。
【関連用語】形式基準

純資産の額 (じゅんしさんのがく)
　連結財務諸表を作成している場合には，連結財務諸表規則の規定により作成された連結貸借対照表の純資産の部の合計額に，同45条の2第1項に規定する準備金等を加えた額から，当該純資産の部に掲記さ

れる新株予約権および少数株主持分を控除して算定された額をいい，上場申請会社がIFRS任意適用会社である場合は，連結貸借対照表に基づいて算定される純資産の額に相当する額をいう。連結財務諸表を作成していない場合には，貸借対照表に基づいて算定される純資産の額をいい，財務諸表等規則の規定により作成された貸借対照表の純資産の部の合計額に，同54条の3第1項に規定する準備金等を加えた額から，当該純資産の部に掲記される新株予約権を控除して得た額をいい，上場申請会社がIFRS任意適用会社である場合は，貸借対照表に基づいて算定される純資産の額に相当する額をいう。

　形式基準上，上場申請日の直前事業年度の末日における連結貸借対照表に基づいて算定される純資産の額が審査の対象となるが，貸借対照表(単体)に基づいて算定される純資産の額についても負の数値でないことが必要である。連結財務諸表を作成していない場合には，貸借対照表(単体)の数値が審査の対象となる。ただし，上記の純資産の額が基準を充足しない場合であっても，上場前の公募増資による調達見込額または調達額を加算した純資産の額を審査対象とすることができる。なお，福岡証券取引所Q-Boardでは上場日に純資産額が正であることを求めている。また，東京証券取引所マザーズ，名古屋証券取引所セントレックスでは純資産額の基準は設けられていない。

【関連用語】形式基準

利益の額 (りえきのがく)

　連結財務諸表を作成している場合には，連結財務諸表規則61条により記載される経常利益金額または経常損失金額に同65条3項により記載される金額(いわゆる少数株主損益)を加減して算定された額をいい，上場申請会社がIFRS任意適用会社である場合は，連結損益計算書に基づいて算定される利益の額に相当する額をいう。連結財務諸表を作成していない場合には，損益計算書に基づいて算定される利益の額は，財務諸表等規則95条により表示される経常利益金額または経常損失金額をいい，申請会社がIFRS任意適用会社である場合は，損益計算書に基づいて算定される利益の額に相当する額をいう。

　形式基準上，連結損益計算書に基づいて算定される利益の額が審査

の対象となるが，審査対象期間に連結財務諸表を作成していない期間がある場合には，その期間については，損益計算書(単体)に基づいて算定される利益の額を審査の対象とする。なお，東京証券取引所マザーズ，東京証券取引所 JASDAQ グロース，名古屋証券取引所セントレックス，福岡証券取引所 Q-Board では利益の額の基準は設けられていない。また，東京証券取引所 JASDAQ スタンダードおよび札幌証券取引所アンビシャスは算定方法が異なっている。東京証券取引所 JASDAQ スタンダードでは，連結損益計算書に基づいて算定される利益の額(経常利益金額)をいい，連結財務諸表を作成していない会社の場合は損益計算書に基づいて算定される利益の額をいう。札幌証券取引所アンビシャスでは，上場申請日の直前事業年度の営業利益が正であることを求めている(負であっても，上場後，収益の向上が期待できる旨およびその理由を記載した書面を主幹事証券会社が提出し，証券取引所が適当と認めた場合には問わない)。

【関連用語】形式基準

監査意見 (かんさいけん)

　連結財務諸表等に対する監査法人等からの意見表明をいう。経営者が作成した連結財務諸表等が一般に公正妥当と認められる会計基準に基づいて，すべての重要な点において適正に表示しているか監査人が判断した結果を表明するものである。形式基準では，連結財務諸表等について金融商品取引法 193 条の 2 の規定に準ずる監査等を受け，①および②の監査意見が必要とされる。

① 最近 2 年間に終了する各事業年度および各連結会計年度の財務諸表等に添付される監査報告書(最近 1 年間に終了する事業年度および連結会計年度の財務諸表等に添付されるものを除く)において無限定適正意見または除外事項を付した限定付適正意見が記載されていること

② 最近 1 年間に終了する事業年度および連結会計年度の財務諸表等に添付される監査報告書において無限定適正意見が記載され，かつ最近 1 年間に終了する事業年度における四半期会計期間および連結会計年度における四半期連結会計期間の四半期財務諸表等

に添付される四半期レビュー報告書において無限定の結論(特定事業会社の場合にあっては中間財務諸表等が有用な情報を表示している旨の意見を含む)が記載されていること

また、財務報告に係る内部統制に関する取扱いについては、申請会社に係る株券等が国内の他の金融商品取引所に上場されている場合において、以下の①および②に該当するものでないことが必要となる。

① 最近1年間に終了する事業年度に係る内部統制報告書において、評価結果を表明できない旨が記載されていること
② 最近1年間に終了する事業年度に係る内部統制報告書に対する内部統制監査報告書において、意見の表明をしない旨が記載されていること

【関連用語】形式基準、独立監査人の監査報告書、内部統制監査報告書、四半期レビュー報告書、内部統制報告書、無限定適正意見、限定付適正意見

継続企業の前提 (けいぞくきぎょうのぜんてい)

企業が将来にわたって無期限に事業を継続することを前提とする考え方のことをいい、ゴーイングコンサーン(going concern)とも呼ばれる。継続企業の前提に重要な疑義を生じさせるような事象または状況が存在する場合であって、当該事象または状況を解消し、または改善するための対応をしてもなお継続企業の前提に関する重要な不確実性が認められるときは、継続企業の前提に関する事項を財務諸表に注記することが必要となる。監査人は、当該財務諸表における注記が適切であると判断した場合には監査報告書において無限定適正意見を表明するとともに、追記情報として重ねて記載しなければならない。なお、このような場合であっても、申請事業年度においては、四半期レビュー報告書等の当該事項に係る追記情報の記載がなくなるなど、継続企業の前提に重要な疑義を生じさせるような事象または状況が解消されていることが審査上求められる。

また、直前事業年度および直前連結会計年度を除くそれ以前の事業年度においては、継続企業の前提に関する事由を理由として限定付適正意見や不適正意見等の監査意見が付されていても上場申請は可能であるが、その場合には、限定付適正意見等が付された経緯等を審査の

過程で確認されることとなる。なお，名古屋証券取引所セントレックスではそのような場合,原則として上場は認めないこととされている。
【関連用語】監査意見，限定付適正意見，不適正意見

内部統制報告書 (ないぶとうせいほうこくしょ)
　決算期末日時点に存在する財務報告に係る内部統制の有効性を経営者が評価し，その結果を報告する開示書類をいう。金融商品取引法で導入され，2008年4月1日以後に開始する事業年度からすべての上場企業に対し適用された内部統制報告制度に基づき作成，開示される。
【関連用語】内部統制報告制度

株式名簿管理人 (かぶしきめいぼかんりにん)
　→株式事務代行機関 [p.8]

株式の譲渡制限 (かぶしきのじょうとせいげん)
　株式譲渡の自由の例外として，定款に定めることによって，株式を譲渡するためには承認権限を有する機関による決議を要するという制限を設けることをいう。形式基準上，上場申請に係る株式の譲渡につき制限を行っていないこと，または上場のときまでに制限を行わないこととなる見込みのあることが必要となる。上場申請に係る株式について譲渡制限の制度を設けている会社は，審査期間内に定款を変更することが必要となる。
　なお，株式の譲渡制限を廃止する定款変更を株主総会において行った場合，取締役および監査役の任期は，会社法の定めにより定款変更時に任期満了となるため(会332条4項3号，会336条4項4号ほか)，当該株主総会において同時に選任手続きも必要となる。
【関連用語】形式基準，譲渡制限株式

株券電子化制度 (かぶけんでんしかせいど)
　社債，株式等の振替に関する法律(振替法)により，上場会社の株式等に係る株券をすべて廃止し，株券の存在を前提として行われてきた株主権の管理を，証券保管振替機構(保振)および証券会社等の金融機

関に開設された口座において電子的に行うこととする制度をいう。2009年1月5日より実施され、株主にとっては、①株券を手元で保管することなどによる紛失や盗難、偽造株券取得のリスクが排除される、②株式の売買の際、実際に株券を交付・受領したり株主名簿の書換申請を行う必要がなくなる、③発行会社の商号変更や売買単位の変更の際に、株券の交換のため、発行会社に株券を提出する必要がなくなるというメリットを有する。

一方、上場申請会社(株主名簿管理人を含む)にとっては、①株主名簿の書換にあたり株券が偽造されたものでないかなどのチェックを行う必要がなくなる、②株券の発行に伴う印刷代や印紙税、企業再編(企業間の合併や株式交換、株式移転など)に伴う株券の回収・交付のコスト等が削減できる、③株券喪失登録手続を行う必要がなくなるというメリットを有する。

【関連用語】形式基準、指定振替機関、証券保管振替機構、株券不発行

証券保管振替機構 (しょうけんほかんふりかえきこう)

社債、株式等の振替に関する法律(振替法)に基づき、株式等に係る権利の異動(発生、移転および消滅)の管理を行う会社のことをいう。上場する内国株式は、振替法に基づき指定振替機関における株式等振替制度(株券電子化制度)の対象となることが義務づけられており、株式会社証券保管振替機構がその指定振替機関である。

形式基準上、指定振替機関の振替業における取扱いの対象であることまたは上場のときまでに取扱いの対象となる見込みのあることが必要とされているが、この取扱い対象となるためには、株券を不発行とする必要があるため、上場申請会社が株券発行会社であり、かつ、株券不発行に係る手続きを完了していない場合には、審査期間中に株券不発行に係る手続きを行う必要がある。また、上場申請会社は、取締役会決議に基づき、上場する株式を証券保管振替機構が取扱うことに同意する旨を記した同意書を、上場承認後(原則として上場承認日)に証券保管振替機構に提出する必要がある。証券保管振替機構の取扱い対象であることが上場内国株式の義務とされているため、当該取扱いの対象でなくなる場合、上場廃止となる。(東証有価証券上場規程205条

11号,同601条16号)
【関連用語】上場基準,上場廃止基準,株券電子化制度,指定振替機関,株券不発行

指定振替機関 (していふりかえきかん)
→証券保管振替機構 [p.25]

株券不発行 (かぶけんふはっこう)
　株券の管理や流通,発行等にかかるコスト削減および紛失や盗難等のリスクの排除等を目的として,会社法の定めに基づき,株券を発行しないことをいう。上場申請会社の発行する株式が指定振替機関の振替業における取扱いの対象となるためには,株券が不発行となっていることが必要となる。このため,上場申請会社が株券発行会社である場合,株券を廃止しておく必要がある。株券発行会社,または定款に株券を発行する旨の定めをおいている会社の場合は,定款の変更を行い,発行している株券があれば廃止する必要がある。なお,株券を発行している未上場会社が株券を廃止する場合,株主保護の観点から公告や株主等への通知が必要となる。
【関連用語】株券電子化制度,証券保管振替機構

不受理項目 (ふじゅりこうもく)
　取引所が定める上場前公募等規則等に基づく上場前の第三者割当増資等に関する規制に抵触した場合に,上場申請の不受理または受理の取消しになることをいう。上場申請日の直前事業年度末日の1年前の日以後第三者割当増資,第三者割当による新株予約権の付与,ストック・オプションとしての新株予約権の付与,ストック・オプションとしての新株予約権の行使等を行っている場合に,継続所有等に関する確約を証する書面等を証券取引所に提出する必要があるが,それら書面が提出されない等の場合,上場申請は不受理または受理の取消しとなり,形式基準と合わせ,上場申請手続きにおける形式要件とされる。
【関連用語】形式基準,上場前規制,確約書

確約書（かくやくしょ）
→不受理項目［p.26］

実質基準（適格要件）

企業の継続性及び収益性（きぎょうのけいぞくせいおよびしゅうえきせい）

継続的に事業を営み，かつ，安定的な収益基盤を有していることをいう。この基準に関する観点として，東京証券取引所の上場審査等に関するガイドラインでは以下のような事項が例示されている。
① 事業計画が，そのビジネスモデル，事業環境，リスク要因等を踏まえて，適切に策定されていると認められること
② 安定的に利益を計上することが今後合理的に見込まれること
③ 経営活動が安定かつ継続的に遂行することができる状況にあると認められること

②に関して，現時点において新規上場申請者の企業グループの損益・収支が悪化しているもしくは良好でない場合であっても，当該状況の改善が客観的な事実により見込まれる場合は問題とならない。
【関連用語】実質基準

企業経営の健全性（きぎょうけいえいのけんぜんせい）

事業を公正かつ忠実に遂行していることをいう。この基準に関する観点として，東京証券取引所の上場審査等に関するガイドラインでは以下のような事項が例示されている。
① 関連当事者その他の特定の者との間で不当に利益を供与または享受していないと認められること
② 新規上場申請者の役員，監査役または執行役が，当該新規上場申請者の役員，監査役または執行役としての公正，忠実かつ十分な職務の執行または有効な監査の実施を損なう状況でないと認め

られること
③ 新規上場申請者が親会社等を有している場合には，新規上場申請者の企業グループの経営活動が当該親会社等からの独立性を有する状況にあると認められること

③に関して，新規上場申請者の企業グループが事実上，当該親会社等の一事業部門と認められる状況にないこと，不利益となる取引行為を強制または誘引していないこと，出向者の受入れ状況が親会社等に過度に依存しておらず，継続的な経営活動を阻害するものでないと認められることがあげられる。
【関連用語】実質基準

企業のコーポレート・ガバナンス及び内部管理体制の有効性 (きぎょうのこーぽれーと・がばなんすおよびないぶかんりたいせいのゆうこうせい)

コーポレート・ガバナンスおよび内部管理体制が適切に整備され，機能していることをいう。東京証券取引所の上場審査等に関するガイドラインでは以下のような事項が例示されている。

① 役員の適正な職務の執行を確保するための体制が，牽制および監査が有効に機能していることを通じて，適切に整備，運用されている状況にあると認められること
② 内部管理体制が，経営活動の効率性および内部牽制機能を確保するにあたって必要な経営管理組織および内部監査体制の構築を通じて適切に整備，運用されている状況にあると認められること
③ 経営活動の安定かつ継続的な遂行および適切な内部管理体制の維持のために必要な人員が確保されている状況にあると認められること
④ 実態に即した会計処理基準を採用し，かつ，必要な会計組織が，適切に整備，運用されている状況にあると認められること
⑤ その経営活動その他の事項に関する法令等を遵守するための有効な体制が，適切に整備，運用され，また，最近において重大な法令違反を犯しておらず，今後においても重大な法令違反となるおそれのある行為を行っていない状況にあると認められること

【関連用語】実質基準，コーポレート・ガバナンス体制

企業内容等の開示の適正性 (きぎょうないようとうのかいじのてきせいせい)

　企業内容等の開示を適正に行うことができる状況にあることをいう。東京証券取引所の上場審査等に関するガイドラインでは以下のような事項が例示されている。

① 経営に重大な影響を与える事実等の会社情報を適正に管理し，投資者に対して適時，適切に開示することができる状況にあると認められること，および内部者取引の未然防止に向けた体制が，適切に整備，運用されている状況にあると認められること

② 新規上場申請書類のうち企業内容の開示に係るものについて，法令等に準じて作成されており，かつ，投資者の投資判断に重要な影響を及ぼす可能性のある事項，主要な事業活動の前提となる事項，その他の事項が適切に記載されていると認められること

③ 関連当事者その他の特定の者との間の取引行為または株式の所有割合の調整等により，新規上場申請者の企業グループの実態の開示を歪めていないこと

④ 親会社等を有している場合，当該親会社等の開示が有効であるものとして認められていること。具体的には親会社等が上場会社であること，または経営に重大な影響を与える親会社等の会社情報について，適切に把握することができる状況にあり，投資者に対して開示することについて当該親会社等が同意することを書面により確約していること

【関連用語】実質基準

その他公益または投資者保護の観点から証券取引所が必要と認める事項 (そのたこうえきまたはとうししゃほごのかんてんからしょうけんとりひきじょがひつようとみとめるじこう)

　その他の適格要件で求められている項目以外で証券取引所が公益または投資者保護の観点から必要と認めた事項をいう。この基準に関する観点として，東京証券取引所の上場審査等に関するガイドラインでは主に以下のような事項が例示されている。

① 株主の権利内容およびその行使の状況が，公益または投資者保護の観点で適当と認められること

② 経営活動や業績に重大な影響を与える係争または紛争等を抱えていないこと
③ 反社会的勢力による経営活動への関与を防止するための社内体制を整備し，当該関与の防止に努めていること

【関連用語】実質基準

子会社上場

子会社上場（こがいしゃじょうじょう）
　親会社に限らず，親会社等（財務諸表等規則8条に定める親会社およびその他の関係会社またはその親会社）を有する会社の上場をいい，親会社等は上場しているか否かを問わない。親会社にとっては持株の一部放出によって投下資本の回収・売却利益が見込める一方，子会社にとっても独自の資金調達手段を得ることができるため，日本では多くの子会社上場事例がみられるが，欧米市場では買収リスクや親会社と少数株主の利害対立に基づく訴訟リスクなどから例が少ない。
　子会社上場については，独自の資金調達力による子会社の持続的成長，新たな投資物件の提供といった国民経済上の意義が認められるものの，上場後も支配力を維持する親会社と一般株主との潜在的利益相反関係があることから，親会社等からの独立性等子会社上場に特有の実質基準が規定され，親会社グループの企業価値の相当部分を占める中核的な子会社の上場に関する考え方も取りまとめられている。最近は，親会社等によるグループ経営の効率化・一体化を強める動きから，子会社の新規上場はあまりみられなくなっており，完全子会社化や合併によって上場している子会社自体が大幅に減少している。

【関連用語】実質基準，子会社上場基準，親会社等

子会社上場基準（こがいしゃじょうじょうきじゅん）
　子会社上場特有の審査基準をいう。

少数株主の権利，利益の保護の観点から，上場申請会社が親会社等から独立性を確保し，独自の意思決定に基づく経営を行っていること(実質基準のうちの企業経営の健全性に含まれる)，上場申請会社にさまざまな影響を与え得る親会社等の情報が開示されていること(実質基準のうちの企業内容等の開示の適正性に含まれる)を求めている。これに加えて，子会社上場に対する以下の証券取引所の考え方が通知されている。

「親会社を有する会社の上場に対する当取引所の考え方について」(東京証券取引所)
　・新規上場を目指す子会社およびその親会社，また親会社を有する上場会社にあっては，子会社上場の特性を十分に考慮して方針を決定すること，株主の権利や利益へのいっそうの配慮，投資者をはじめとする市場関係者に対する積極的なアカウンタビリティの遂行に務めることが望ましい

「中核的な子会社の上場に関する証券取引所の考え方について」(国内全証券取引所連名)
　・親会社と実質的に一体の子会社，もしくは中核的な子会社の上場意向が散見されるが，中核的な子会社の上場は，証券市場において実質的に新しい投資物件であるとはいえ，上場している親会社が二重に利得を得ようとしているものではないかと考える
　・このような状況から，中核的な子会社の上場については，各企業グループ，子会社の事業の特性，事業規模，過去の業績の状況，将来の収益見通しなどを総合的に勘案しながら，慎重に判断することとする

【関連用語】実質基準，企業経営の健全性，企業内容等の開示の適正性，子会社上場

親会社等 (おやがいしゃとう)
　親会社(財規8条3項)およびその他の関係会社またはその親会社(財規8条17項4号)をいう。
　「親会社」とは，会社の財務および営業または事業の方針を決定する機関(株主総会その他これに準ずる機関)を支配している会社等をいい，

「その他の関係会社」とは，会社が他の会社等の関連会社である場合における当該他の会社等をいう。
【関連用語】親会社等からの独立性の確保，その他の関係会社

親会社等からの独立性の確保 (おやがいしゃとうからのどくりつせいのかくほ)

子会社上場基準の基本となる考え方をいい，親会社等を中心とする企業グループから資本関係や取引関係などを通じて影響を受けることにより親会社等以外の株主の利益が阻害されることのないよう，子会社の上場に際しては，親会社等からの独立性が確保されていることが求められている。独立性確保の状況についての基準は，以下の3点である。

① 申請会社グループが，事実上，親会社等の一事業部門と認められる状況にないこと
② 申請会社グループまたは親会社等の企業グループが，通常の取引の条件と著しく異なる条件での取引等，どちらか一方の不利益となる取引行為を強制または誘引していないこと
③ 申請会社グループの受入出向の状況が，親会社等に過度に依存しておらず，継続的な経営活動を阻害するものでないと認められること

【関連用語】実質基準，企業経営の健全性，子会社上場，子会社上場基準

上場廃止

上場廃止 (じょうじょうはいし)

上場している株式が，証券取引所ごとに定められた上場廃止基準への抵触，上場契約違反，法人格消滅，完全子会社化，経営破綻などの理由により上場適格要件を満たさなくなり，非上場株式となることをいう。上場廃止後は証券取引所での売買ができなくなる。また，企業自身の判断により廃止を希望する場合もある。通常，廃止対象の株式

は、投資家保護の観点から一般投資家に周知徹底するために監理銘柄，整理銘柄などの指定割当を受け、一定期間後に上場が廃止される。
【関連用語】上場廃止基準，監理銘柄，整理銘柄

上場廃止基準（じょうじょうはいしきじゅん）

上場している株式に対し証券取引所が上場継続に適合しないと判断し、投資家保護の観点から株式の上場が取り消しとなる基準をいう。証券取引所によって基準内容は異なるが、東京証券取引所の本則市場では次の項目があげられている。

① 株主数
② 流通株式数
③ 流通株式時価総額
④ 流通株式比率
⑤ 時価総額
⑥ 債務超過
⑦ 売買高
⑧ その他（銀行取引の停止，破産手続・再生手続・更生手続，不適当な合併等，事業活動の停止等）

【関連用語】上場廃止

監理銘柄（かんりめいがら）

証券取引所の上場廃止基準に該当する可能性のある銘柄をいう。上場株券等が上場廃止になるおそれがある場合，証券取引所は，その事実を投資者に周知させるため，当該株券等を監理銘柄に指定する。監理銘柄に指定される期間は，証券取引所が規則に定める日から当該株券等を上場廃止するかどうかを認定した日までである。監理銘柄には，監理銘柄(確認中)と監理銘柄(審査中)との２つの区分があり，有価証券報告書等の虚偽記載のように影響が重大である可能性があって慎重な審査を要する場合には監理銘柄(審査中)に，株主数基準等の形式要件に抵触しているかどうかの確認を行う場合には監理銘柄(確認中)に指定される。

審査または確認の結果，上場廃止基準に該当する項目がなくなった

場合は監理銘柄への指定は解除され，上場廃止が決定された場合には整理銘柄に指定される。上場廃止申請された株券等も，ただちに整理銘柄に指定されるのでなく，監理銘柄(確認中)に指定されることとなっている。
【関連用語】上場廃止，整理銘柄

整理銘柄 (せいりめいがら)

上場廃止が決定した銘柄をいう。株券等の上場廃止が決定された場合には，上場廃止決定翌日から上場廃止前日までの間(原則として1ヵ月間)整理銘柄に指定し，その事実を投資者に周知させるとともに，その間に投資者が整理売買を行うことができるようになっている。
【関連用語】上場廃止，監理銘柄

債務超過 (さいむちょうか)

負債の額が資産の額を上回った状態のこと。債務超過は財政状態が非常に悪いことを意味することから，各証券取引所は，上場会社が事業年度末日に債務超過であって1年以内に債務超過を解消できない場合には上場廃止することとなっている。なお，民事再生法もしくは会社更生法の規定に基づく再生手続もしくは更生手続，産業活力の再生及び産業活動の革新に関する特別措置法(産活法)2条25項に規定する特定認証紛争解決手続に基づく事業再生(当該手続が実施された場合における産活法49条に規定する特例の適用を受ける特定調停手続による場合も含む)または「私的整理に関するガイドライン」に基づく整理を行うことにより，当該1年を経過した日から起算して1年以内に債務超過を解消することを計画し，証券取引所が適当と認めた場合は，猶予期間は2年となる。また，東京証券取引所マザーズなどでは，上場後3年間の債務超過基準の適用を免除している。
【関連用語】上場廃止

不適当な合併等 (ふてきとうながっぺいとう)

上場会社が非上場会社と合併等(合併，株式交換，事業の譲受等)を行うことで，上場会社が実質的な存続会社であるとは認められない場合

をいう。不適当な合併等については,いわゆる裏口上場を防止する観点から上場廃止基準が設けられているが,非上場会社が実質的な存続会社となっている場合でも,当該会社が合併等後3年間の猶予期間中に新規上場審査基準に準じた基準に適合し,上場適格性があると認められれば,上場は維持される。一方で基準に適合すると認められるに至らないまま猶予期間が終了した場合は,監理銘柄に指定される。
【関連用語】上場廃止

3 資本政策

　資本政策とは，資金調達と株主構成の是正のための総合的な計画であり，上場時および上場後における創業者利潤の確保や安定株主確保等のためにとても重要な課題となります。資本政策は，一度実施してしまうとやり直しができないことが多いため，早い段階から慎重な検討が必要であり，専門家との打合せ時に理解すべき実務用語が多くあります。そこで本章では，資本政策の策定において用いられる実務用語について，全般的事項，株式実務，株式の評価，資本政策上の主な手法に分けて説明します。

全般的事項

資本政策（しほんせいさく）

　資金調達と株主構成の総合的な計画。IPOにおいては一般的に，上場時において創業者利潤を確保し，また，望ましい株主構成を達成するために，上場までの資金調達計画(特にエクイティファイナンス)の立案および各株主の議決権比率の調整を行うことをいう。

エクイティファイナンス〔equity finance〕

　公募増資，第三者割当増資，株主割当増資等の新株式発行，CB(転換社債型新株予約権付社債)などの新株予約権付社債の発行のように，エクイティ(株主資本)の増加をもたらす資金調達のことをいう。広義では株式売出しや立会外分売など，一定の株式の移動を伴う取引も含まれる。上場申請会社からみると，原則として返済期限の定めのない資金調達であり，財務体質を強固にする効果がある。一方で，投資家からみると，調達した資金が中期的な利益の拡大およびキャッシュ・フローの創出に貢献する投資に充当されない場合，1株当たりの株式価値が希薄化することとなる。

　IPOの場合，証券取引所の上場承認後に資金調達や株主作りを目的として公募増資，株式売出し，自己株式処分などを行うのが一般的である。また，上場準備期間中にも安定株主作りやインセンティブプランなどの資本政策に則って，第三者割当増資や新株予約権の発行が行われることも多い。

【関連用語】IPO，上場時公募・売出，資本政策

上場前規制（じょうじょうまえきせい）

　取引所が定める上場前の公募増資又は株式売出し等に関する規則に基づき，特別利害関係者等による上場前の株券等の移動状況に関する記載・記録の保存等を求めたり，上場申請会社が，上場申請日の直前

事業年度の末日の1年前の日から上場日の前日までに行う第三者割当増資等により株式を取得した者に対し，その株式を一定期間継続所有することを義務づける規制をいう。上場の時期等の情報を知り得る立場にある者が，上場に際して短期間に利益を得ることを防止することを目的としている。この規制に抵触した場合，取引所への上場は不受理または受理の取消しとなる。
【関連用語】開示対象期間，継続所有義務，不受理項目，特別利害関係者等

公開前規制 （こうかいまえきせい）

→上場前規制［p.38］

開示対象期間 （かいじたいしょうきかん）

　上場前規制の1つであり，特別利害関係者等による株式等の移動状況について，上場申請申請のための有価証券報告書(Iの部)や有価証券届出書等への開示が求められる期間をいい，上場申請日の直前事業年度の末日の2年前の日から上場日の前日までの期間を指す。
【関連用語】上場前規制，継続所有義務

継続所有義務 （けいぞくしょゆうぎむ）

　上場前規制の1つであり，上場申請会社が，上場申請日の直前事業年度の末日の1年前の日から上場日の前日までに行う第三者割当等により株式等の割当を受けた者，またはストック・オプションとしての新株予約権の割当を受けた者が，当該割当を受けた株式等を一定の期間にわたり継続的に所有することを義務づけるものをいう。

　具体的には，以下の期間所有が義務づけられる。
① 第三者割当増資等により割当を受けた株式
　　上場6ヵ月後まで(継続保有期間が1年間に満たない場合は割当日から1年間)
② ストック・オプション
　　権利行使しない場合，行使日まで
③ ストック・オプションの行使により取得した株式
　　上場日の前日まで

【関連用語】上場前規制，開示対象期間

流動性 (りゅうどうせい)

　株式の売買のしやすさをいう。未上場の場合，保有している株式を売却しようとしても，価格が合致する買い手を個別に見つけないと売買は成立しないが，上場会社の株式を売却しようとする場合は，証券会社に売却注文を出すだけで，価格が合致すれば売買が実行される。買い付けしたい場合も同様。このような株式の売買のし易さを株式の流動性といい，上場すると株式の流動性が格段に高まることになる。

時価総額 (じかそうがく)

　企業価値を評価する指標で，株価に発行済株式数を乗じて得た金額をいう。上場企業の場合，企業の株価は市場からの評価とみなせるので，時価総額は企業に対する市場評価を反映した指標といえる。企業規模を測る尺度はさまざまあるが，時価総額は企業成長に対する期待値を反映したものといえ，ときには過小評価，過大評価されてしまうこともある。

財産保全会社 (ざいさんほぜんかいしゃ)

　創業者個人が直接上場申請会社の株式を保有するのではなく，創業者が設立する別会社をとおして上場申請会社の株式を保有する場合の当該別会社を財産保全会社という。相続税法上，創業者が保有している上場会社株式は，市場価格で評価されるが，創業者が保有している財産保全会社の株式は，純資産額方式で評価される。財産保全会社の株式を評価する際には，その保有する株式の含み益に42%の控除が認められているため，財産保全会社が保有する上場株式に含み益がある場合には，創業者の相続税対策として節税効果が期待できる。また，相続税対策以外にも，非上場会社である財産保全会社の株式はすぐに売却できないため，相続発生時の株式分散を防止する効果もあり，安定株主対策上のメリットもある。

資産管理会社 (しさんかんりかいしゃ)

→財産保全会社 [p.40]

直接金融 (ちょくせつきんゆう)

出し手(貸し手)が直接，受け手(借り手)に資金を融通することをいう。信用リスク(債務不履行リスク)は，資金の出し手(貸し手)が負い，資金の受け手は株式や債券等の有価証券を発行して，直接出し手から資金を調達する。直接金融を担う金融機関には証券会社があり，出し手(投資家)と受け手(企業や国)の間に入るが，信用リスクは証券会社が負わず，出し手(投資家)が負う。代表的な例として，株式や社債の発行があげられる。

【関連用語】間接金融

間接金融 (かんせつきんゆう)

出し手(貸し手)が金融機関をとおして，間接的に受け手(借り手)に資金を融通することをいう。信用リスク(債務不履行リスク)は金融機関が負う。資金の出し手から，預金等の形で資金を集め，金融機関の責任において受け手に貸し付ける。間接金融を担う金融機関には銀行や保険会社等があり，当該金融機関は預金や保険等で資金を調達し，金融機関の責任において受け手(借り手)に融通する。代表的な例として，銀行からの借入があげられる。

【関連用語】直接金融

募集 (ぼしゅう)

不特定かつ多数の投資家に対し，新たに上場する有価証券の取得の勧誘を行うこと(金商2条3項)。具体的には，多数の者(50人以上)を相手方として有価証券の取得の勧誘を行う場合をいう。

【関連用語】公募，売出し，上場時公募・売出

売出し (うりだし)

すでに発行された有価証券の売付けの申込またはその買付けの申込みの勧誘を，均一の条件で，多数の者を相手方として行うこと(金商2

条4項)。
【関連用語】募集,上場時公募・売出

公募（こうぼ）
→募集 [p.41]

株主平等の原則（かぶぬしびょうどうのげんそく）
　株式会社は,株主を,その有する株式の内容及び数に応じて,平等に取り扱わなければならない(会109条1項)という原則をいう。内容に応じてとは,内容の異なる種類株式が発行されていれば,その種類株式の内容に応じて平等に取り扱うことであり,数に応じてとは,株主の個性に着目することなく,株式数のみに応じて平等に取り扱うことである。
【関連用語】種類株式

安定株主対策（あんていかぶぬしたいさく）
　敵対的買収等により経営権が乗っ取られるリスクを回避し,上場後も経営権を維持して安定経営を図っていくために,経営を長期的かつ安定的に支援する株主を確保する対策をいう。株主総会の普通決議は,2分の1超の議決権を確保できれば可決できるが,特別決議の場合には3分の2以上の議決権を確保する必要があり,一方,特別決議を否決するためには,3分の1超の議決権を確保することが必要となる。経営者およびその一族のみで3分の2以上の議決権を確保できれば,ほぼ完全に経営権を掌握しているといえるが,それが難しい場合には,2分の1超,3分の1超を確保できるかという点が次善の策として重要となる。
　また,安定株主の属性としては,経営者およびその一族のほか,非同族の役員(役員持株会),取引先(取引先持株会),従業員(従業員持株会)等が考えられるが,必ずしも普遍的な安定株主とはいえない。ベンチャー・キャピタルは,キャピタルゲイン(売却益)を得ることを目的に投資を行うものであり,一般的には安定株主とはみなされない。
【関連用語】キャピタル・ゲイン,持ち合い,役員持株会,従業員持株会,取

引先持株会

主要株主（しゅようかぶぬし）

　総議決権の 10% 以上の議決権を保有する株主のこと。金融商品取引法 163 条 1 項において，「自己又は他人（仮設人を含む）の名義をもって総株主等の議決権の 100 分の 10 以上の議決権（取得または所有の態様その他の事情を勘案して内閣府令で定めるものを除く）を有している株主」と規定されている。上場企業においては，この主要株主に変更があった場合，速やかな適時開示が義務づけられる。
【関連用語】適時開示，主要株主の異動

少数株主（しょうすうかぶぬし）

　一般的には，経営と近い存在である安定株主や主要株主を除いた株主のこと。株式上場後に証券市場で株式を取得した株主は少数株主とされる。また，より狭義には，他の会社等に支配されている会社における，当該他の会社等以外の株主のこと。会社法では，議決権の一定割合や一定数をもつ少数株主に対して，一定の権利（少数株主権）を認めている。
【関連用語】少数株主権

少数株主権（しょうすうかぶぬしけん）

　株主のうち，一定割合または一定数以上の議決権を保有する株主に認められた会社法上の権利のこと。一定割合はその権利の種類により異なる。大株主の専横を排し，会社の公正な利益を図ることを目的に認められている。10 分の 1 以上の議決権を保有する株主に認められた会社解散請求権（会 833 条）や 100 分の 3 以上の議決権を 6 ヵ月以上保有する株主に認められた役員解任請求権（会 854 条），100 分の 1 以上または 300 個以上の議決権を 6 ヵ月以上保有する株主に認められた株主提案権（会 303 条，305 条）などがある。
【関連用語】少数株主

3 資本政策

キャピタル・ゲイン〔capital gain〕

有価証券や土地等の保有資産の価格変動に伴って，資産を売却したときに得られる売買差益のことをいう。逆に，保有している資産を売却し，価格変動により損失が発生した場合はキャピタル・ロスと呼ばれる。キャピタル・ゲインは，税務上一般的には譲渡所得とされ，分離課税される。
【関連用語】インカム・ゲイン

創業者利潤（そうぎょうしゃりじゅん）

企業の創業者が，株式上場に際してその持株を売却することによって得る利益(キャピタル・ゲイン)をいう。創業者は，創業時から当該企業に対して投資をし，それに応じて株式を保有しているが，株式上場ができるまでに企業が成長すると株式の価値も比例して向上する。また，上場時には，信頼性の向上やその後の成長期待，また換金性の点で未上場時より高く評価されやすい。
【関連用語】株式上場，キャピタル・ゲイン

インカム・ゲイン〔income gain〕

インカム・ゲインとは，資産運用や投資に対するリターンの1つで，資産を保有することにより安定的，継続的に得られる収益(現金収入)のことをいう。銀行預金や国債・債券の受取利息，株式の配当金，投資信託の収益分配金等がそれに該当する。資産をもっておくだけで得られる収益のため，キャピタル・ゲインよりも安定している。
【関連用語】キャピタル・ゲイン

分配可能額（ぶんぱいかのうがく）

株主に対して配当することのできる限度額(会461条1項)。分配可能額は，まず，決算日における剰余金の額(会446条1号)を算定し，次に，決算日以降分配時点までの剰余金の増減を反映させ，分配時点の剰余金の額を算定し，最後に分配時点の剰余金の額から自己株式の帳簿価額および期中の自己株式の処分価額等を差し引いて算定される(会461条2項)。

【関連用語】配当可能利益

配当可能利益 (はいとうかのうりえき)
→分配可能額 [p. 44]

蛸配当 (たこはいとう)
分配可能な剰余金がないにもかかわらず配当を行うことをいう。違法配当。タコが空腹時に自分の足を食べることの例えからこう呼ばれる。
【関連用語】分配可能額

財源規制 (ざいげんきせい)
剰余金の配当および自己株式の有償取得について，会社法上設けられている規制をいう。いずれも株主に対する剰余金の分配の性質をもつことから，その財源については分配可能額を超えてはならない(会461条)。
【関連用語】分配可能額，自己株式

インセンティブ・プラン〔incentive plan〕
会社の役員や従業員に金銭的な動機づけを与えることにより，経営努力・勤労意欲を刺激し，業績向上を図る刺激策のこと。代表的な方法として，新株予約権を用いたストック・オプションや持株会制度がある。
【関連用語】ストック・オプション，役員持株会，従業員持株会

持ち合い (もちあい)
金融機関と貸出先企業，もしくは企業間等，企業同士がお互いの株式を相互に持ち合うことをいう。株式の持ち合いにより，敵対的買収の防衛や経営の安定化，取引関係の強化を図ることができる。一方，投資効率の低下や，株式の流動性の低下というデメリットもある。資本政策上は，安定株主の確保という面が大きい。
【関連用語】安定株主対策

従業員持株会 (じゅうぎょういんもちかぶかい)

　民法上の組合であり，従業員が自分の勤めている会社ないしは親会社の株式を定期的に購入することを目的として運営する組織をいう。給与もしくは賞与から天引きされた従業員の投資金額をまとめ，窓口となって自社株を購入する。福利厚生の観点から，企業側が奨励金を提供することが多い。資本政策上は，会社として信頼のおけるステークホルダーである従業員を安定株主として確保することができ，また，自社株取得を通じて従業員の経営参画意識や勤労意欲を向上させることも可能となる。

【関連用語】安定株主対策，インセンティブ・プラン，役員持株会，取引先持株会

取引先持株会 (とりひきさきもちかぶかい)

　民法上の組合であり，会社と取引関係のある企業等が当該会社の株式を購入することを目的として運営する組織をいう。資本政策上は，継続した取引関係のある企業等を安定株主として確保することができる。なお，取引先持株会への加入に関して，会社は取引先へ優越的な地位の濫用を行ってはならず，また取引関係に影響を与えるものでないことを周知しなくてはならない。

【関連用語】安定株主対策，従業員持株会，役員持株会

役員持株会 (やくいんもちかぶかい)

　民法上の組合であり，会社及び子会社の役員が毎月の報酬から一定額を拠出し，自社の株式を定期的に購入することを目的として運営する組織をいう。上場会社およびグループ会社の役員は，企業グループに関する重要な情報を入手できる立場にあるため，自社株売買について金融商品取引法のインサイダー取引規制により厳しく制限される。役員持株会を通じた買付けは機械的に行われ投資判断が働かないため規制の対象外とされ，自社株取得が容易となる。

【関連用語】安定株主対策，従業員持株会，取引先持株会，インサイダー取引

株式実務

株主名簿（かぶぬしめいぼ）

会社が自社の株主を把握するために作成する帳簿(会121条)。①株主の氏名または名称および住所, ②株主の有する株式の数, ③株主が株式を取得した日, ④株券発行会社においては株式に係る株券の番号が記載される。
【関連用語】基準日

基準日（きじゅんび）

議決権の行使または配当を受けるべき者等, 株主としての権利を行使すべき者を定めるための一定の日のこと(会124条1項)。基準日に株主名簿に記載されている株主は株主としての権利行使が可能となる。基準日は定款で定めることができるが, 基準日について定款に定めがない場合は, 基準日の2週間前までに公告しなければならない(会124条3項)。このため, 一般的には, 定時総会については定款で基準日を定め, 臨時総会については基準日を公告することととなる。
【関連用語】株主名簿

総株主通知（そうかぶぬしつうち）

証券保管振替機構から会社に対して, 基準日等一定の時点におけるすべての証券会社等の振替口座簿に記録されている株主・登録株式質権者の氏名・住所・株式数等を通知するもの(振替法151条)。実際の実務は株主名簿管理人が行う。
【関連用語】個別株主通知

個別株主通知（こべつかぶぬしつうち）

証券保管振替機構が, 少数株主権等を行使しようとする株主に係る振替口座簿の記録事項を発行会社に対して通知するもの(振替法154

条)。
【関連用語】総株主通知

発行可能株式総数 (はっこうかのうかぶしきそうすう)

会社が発行することができる株式の総数のことであり、定款に記載することが求められている(会37条)。
【関連用語】発行済株式総数

発行済株式総数 (はっこうずみかぶしきそうすう)

会社が発行することをあらかじめ定款に定めている株式数(発行可能株式総数)のうち、会社が実際に発行した株式の総数のこと。会社が普通株式のみを発行している場合には、通常、発行済株式総数は上場株式数と一致している。
【関連用語】発行可能株式総数

譲渡制限株式 (じょうとせいげんかぶしき)

株式会社がその発行する全部または一部の株式の内容として譲渡による当該株式の取得について当該株式会社の承認を要する旨の定めを設けている場合における当該株式をいう(会2条17項)。上場するうえでは、株式の譲渡制限を撤廃する必要がある。
【関連用語】株式の譲渡制限

議決権所有割合 (ぎけつけんしょゆうわりあい)

議決権所有割合とは、株主総会における有効な議決権総数のうち、特定の株主が有する議決権の比率を示したもの。自己株式や単元未満株式など議決権に影響を及ぼさない株式数は計算から除くため、持株比率とは異なる。

募集株式 (ぼしゅうかぶしき)

株式会社がその発行する株式または株式会社が処分する自己株式を引受ける者の募集をするとき、募集に応じてこれらの株式の引受けの申込みをした者に対して割り当てる株式のこと(会199条1項)。株式

会社が募集株式を発行する場合には，その都度，募集株式の数，払込金額またはその算定方法，金銭の払込期日またはその期間，増加する資本金および資本準備金などの募集事項の決定をする必要がある。

潜在株式 (せんざいかぶしき)

普通株式を取得することができる権利，普通株式に転換することができる権利やこれに準じる権利が付された証券または契約をいい，例えば，新株予約権や新株予約権付社債等が含まれる。潜在株式の増加は，既存株主にとって株式の希薄化を招くものであり，株式の安定化率も低下するため，上場時においては潜在株式比率が大きくなりすぎないように留意する必要がある。
【関連用語】ストック・オプション，転換社債

特別口座 (とくべつこうざ)

新たに振替制度を採用して新規記録手続きを行う場合で，株主名簿に記録された株主等が一定の日までに自己の口座を通知しない場合，株式の発行会社が当該株式の振替のため，振替機関に対して開設の申出をしなければならない口座のこと(振替法131条1項3号，同3項)。特別口座内の株式は，その名義人または発行会社以外の者の口座への振替ができない(振替法133条)ため，特別口座内の株式を他人に譲渡するためには，証券会社に口座を開設し，いったん特別口座からその自己名義の振替口座に振替えてから譲渡手続を行う必要がある。株主の権利において他の株主と変わるところはなく，議決権行使，剰余金の配当等においても差異はない。
【関連用語】証券保管振替機構

株式譲渡益課税 (かぶしきじょうとえきかぜい)

個人が，1月から12月までの1年間の株式売却(譲渡)等によって得た売却益(譲渡益)に対して課税されることをいい，キャピタルゲイン課税ともいわれる。上場株式等の売却益に係る特例措置は2013年12月31日に終了しており，現在は基本税率20%(所得税15%，住民税5%)が課せられる。

税制適格ストック・オプション (ぜいせいてきかくすとっく・おぷしょん)

　税務上の適格要件を充足しているストック・オプションをいう。税制上，ストック・オプションの付与を受けた時点では課税はされず，権利行使した時点で，行使時の時価が権利行使価額を上回っている部分について給与所得課税がなされ，当該株式を売却した時点で，譲渡価額と権利行使時の時価との差額部分について譲渡所得として課税されるが，税制適格ストック・オプションは税務上の特例措置により，権利行使時の課税が繰延べられ，株式売却時に売却価額と権利行使価額との差額に対して譲渡所得として課税される。

　主な税務上の適格要件は以下のとおりである。

① 権利行使が付与決議の日から2年超10年以内であること。
② 譲渡禁止が定められていること。
③ 付与対象者が会社または子会社の取締役，執行役または使用人等であること。ただし，大株主(未上場会社の場合は発行済株式数の3分の1を超えて保有する株主)と大株主の特別利害関係者は除く。
④ 新株予約権の行使価格の年間合計額が，1,200万円以下であること。
⑤ 権利行使価額が契約締結時の時価以上であること。
⑥ 証券会社等に信託を通じて売委託または譲渡により売却すること。

【関連用語】ストック・オプション

エンジェル税制 (えんじぇるぜいせい)

　ベンチャー企業への投資を促進するためにベンチャー企業へ投資を行った個人投資家に対して，投資時点と売却時点のいずれの時点でも税制上の優遇措置を行う制度をいう。

【関連用語】ベンチャー企業投資促進税制

ベンチャー企業投資促進税制 (べんちゃーきぎょうとうしそくしんぜいせい)

→エンジェル税制 [p.50]

株式の評価

同族関係者（どうぞくかんけいしゃ）

　株主と同族関係にある個人および法人をいい，一定の範囲が定められている。この同族関係者の概念は株式評価で用いられる。
① 株主と同族関係にある個人
　(1)株主の親族（配偶者および6親等内の血族，3親等内の姻族）
　(2)株主とまだ婚姻の届出をしていないが，事実上婚姻関係と同様の事情にある者
　(3)個人株主の使用人
　(4)(1)から(3)以外の者で，個人株主から受ける金銭その他の資産によって生計を維持している者
　(5)(2)から(4)に掲げる者と生計を一にする親族
② 株主と同族関係にある会社
　(1)株主の1人（個人株主については，その1人およびこれと上記の同族関係のある個人。以下同じ）が有する他の会社の株式の総数がその他の会社の発行済株式総数の50%以上に相当する場合におけるその他の会社
　(2)株主の1人と(1)の同族関係のある会社が有する他の会社の株式の総数がその他の会社の発行済株式総数の50%以上に相当する場合におけるその他の会社
　(3)株主の1人および(1)，(2)の同族関係のある会社が有する他の会社の株式の総数がその他の会社の発行済株式総数の50%以上に相当する場合におけるその他の会社

【関連用語】配当還元方式

企業価値（きぎょうかち）

　企業が営む事業や保有する投融資等の財産の価値の合計を金額で表したものをいう。IPO時の株価の算定やM&A（合併・買収），リスト

ラなどを意思決定するときの基準となるほか，子会社や関連会社への出資等連結経営においても，企業価値の考え方は不可欠となる。一般的に企業価値の計算アプローチ(考え方)として，コスト・アプローチ，インカム・アプローチ，マーケット・アプローチがあげられる。通常，企業価値の算定に際しては，これらアプローチに基づく評価手法のいずれか，または，複数の評価手法による評価結果を勘案し，企業価値を算定することが一般的とされる。
【関連用語】バリュエーション，コスト・アプローチ，インカム・アプローチ，マーケット・アプローチ

バリュエーション〔valuation〕

投資対象や，企業や事業そのものの経済的価値を算定し評価すること。事業投資や買収案件などに対する適正価格の提供や，投資の意思決定に資する情報を入手するために実施される。代表的な手法としては，M＆Aの評価等において使用されるDCF(ディスカウント・キャッシュ・フロー)法などがある。なお，株式投資においては，現在の株価と本質的な株価を比較するための株価指数をバリュエーションと呼ぶこともあり，PER(株価収益率)，PBR(株価純資産倍率)などが該当する。
【関連用語】企業価値，DCF法，PER

コスト・アプローチ〔cost approach〕

貸借対照表の純資産額等を基礎に企業価値を評価する考え方で，代表的な手法として，純資産価額方式などがある。
【関連用語】インカム・アプローチ，マーケット・アプローチ，純資産価額方式

インカム・アプローチ〔income approach〕

企業の事業活動によって生み出される将来の収益やキャッシュ・フローを基礎に企業価値を評価する考え方で，代表的な手法としてDCF法，収益還元法などがある。
【関連用語】コスト・アプローチ，マーケット・アプローチ，DCF法，収益還元法

マーケット・アプローチ〔market approach〕

事業内容，事業規模，収益の状況等が類似する会社の財務数値等と評価対象会社の財務数値を比較して企業価値を評価する考え方で，代表的な手法として類似会社比準法，類似業種比準法，取引事例法などがある。

【関連用語】コスト・アプローチ，インカム・アプローチ，類似会社比準法，類似業種比準法，取引事例法

PER〔Price Earnings Ratio〕

株価と企業の収益力を比較することによって，株式の投資価値を判断する際に利用される指標であり，次の式により求められる。

$$\text{PER}（株価収益率）= \frac{株価}{1株当たり当期純利益}$$

PER が高いほど現在の利益に比べ株価が割高であることを示す。資本政策で上場時の株価等を想定する場合に，PER を利用した相対的評価方式が一般的に用いられる。

【関連用語】企業価値，バリュエーション

株価収益率 (かぶかしゅうえきりつ)

→ PER〔p. 53〕

DCF法(ディスカウント・キャッシュ・フロー法)〔discounted cash flow method〕

企業が将来生み出すフリー・キャッシュ・フローの総合計を現在価値に割り引くことによりその企業価値を算定する方式をいう。

具体的な算出方法については以下のとおりである。

① 将来において対象企業等が獲得すると期待されるフリー・キャッシュ・フローを見積もる。

※通常5年～10年の事業計画などから毎期のフリー・キャッシュ・フローを予測し，ターミナルバリュー(継続企業価値)を算定するために，それ以降に生み出されるキャッシュ・フローについては，予測最終年度の残存価値として，一括して計算に取り込む。

〈フリー・キャッシュ・フローの計算式〉
+）税引前利息支払前利益(通常，営業利益で代用される)
−）上記に対する法人税相当額
税引後利息支払前利益(税引後営業利益)
+）減価償却費等(非現金支出費用)
−）設備投資等(資本的支出)
−）運転資本増減額
フリー・キャッシュ・フロー
② 上記①を現在価値に割引いて合計する
 ※割引率には，対象企業等の株主資本コスト(株主の期待投資利回率＝市場金利＋リスクプレミアム)が用いられる。
 ※企業が株式および有利子負債により資金調達をしている場合には，株主資本コストと負債コストを加重平均した加重平均資本コスト(WACC)が割引率として用いられる。
③ 上記②の数値から，有利子負債残高を差し引き，株式価値(企業価値)を算出する。
【関連用語】インカム・アプローチ，収益還元法，企業価値，バリュエーション

フリー・キャッシュ・フロー 〔free cash flow〕
　営業活動による現金収支と投資活動による現金収支を足した純現金収支のこと。企業本来の事業活動で得た現金(営業キャッシュ・フロー)と設備投資等に充当する資金(投資キャッシュ・フロー)の合計であり，企業が自由に使える現金をどれだけ生み出したかを示す指標である。主な計算式は，以下のとおりである。
　フリー・キャッシュ・フロー＝営業利益×(1−実効税率)＋減価償却費−設備投資±運転資本の増減額
【関連用語】DCF法

資本コスト (しほんこすと)
　企業が事業を行う際調達した資金に対して求められるリターンのこと。資本コストは，株主資本コストと負債資本コストの2つに区別さ

れる。株主資本の提供者は株主であり，株主が株式に対して出資した金額に対して期待するリターンが株主資本コスト(株式)である。一方，負債資本の提供者は社債の保有者や借入金の貸出者であり，これら債権者が要求するリターン，つまり社債の利回りや借入金利が負債資本コストである。株主資本と負債資本それぞれの期待収益率を構成比率により加重平均したものが加重平均資本コスト・WACC(Weighted Average Cost of Capital)と呼ばれている。資本コストの算出方法としては，主に資本資産価格モデル・CAPM(Capital Asset Pricing Model)が用いられる。
【関連用語】DCF法

収益還元法 (しゅうえきかんげんほう)

　企業の正常利益を推定し，資本還元率(企業のリスクを反映させた割引率)を適用して割り戻すことにより企業価値を算定する方式をいう。DCF法は各年度のフリー・キャッシュ・フローを個別に予測するのに対し，収益還元法では個別に算定せずに，将来キャッシュ・フローは一定として算定するという点で相違するが，両者ともインカム・アプローチによる評価方法であることから，DCF法は広い意味での収益還元法の一種である。
【関連用語】インカム・アプローチ，DCF法，企業価値，バリュエーション

類似会社比準法 (るいじかいしゃひじゅんほう)

　上場会社のなかから，業種，業態，成長性，業績，規模等の類似する会社を複数選定し，評価対象会社と当該類似会社の利益や純資産額等の財務数値を比較して，評価対象会社の株価(類似会社比準価格)を算定する方式をいう。上場申請会社が，上場前の制限期間中に行う第三者割当増資および株式移動のほか，上場前の公募増資または株式売出しに際し行われる入札下限価格の算定に用いられる。なお，上場前の公募増資または株式売出しに際し競争入札方式を採用する場合における入札下限価格の算定にあたっては，東京証券取引所等の規則がある。
【関連用語】企業価値，バリュエーション，マーケット・アプローチ

取引事例法 (とりひきじれいほう)

評価対象会社の株式について，過去において実際に適正な売買取引事例がある場合に，その取引価額をもとに評価対象会社の企業価値を算出する方式をいう。過去において売買取引事例が複数存在している場合には，直近の売買取引価額(株価)を採用することが一般的であり，所得税および法人税の基本通達においても定められている方式である。
【関連用語】マーケット・アプローチ

類似業種比準方式 (るいじぎょうしゅひじゅんほうしき)

評価対象会社と類似する業種の上場会社平均との間で純資産額等の財務数値を比較して，評価対象会社の株価(類似業種比準価額)を算出する方式をいう。所得税および法人税の基本通達では，非上場株式を評価する際に，原則として類似業種比準法を基本に株価を評価することとしており，計算式は国税庁から公表されている。
【関連用語】マーケット・アプローチ

配当還元方式 (はいとうかんげんほうしき)

受取配当金額に配当還元率を適用して割り戻すことにより評価対象会社の株価を算出する方式をいう。国税庁方式である財産評価基本通達による非上場株式の評価方式の1つであり，株式を取得した者が同族関係者以外の株主グループに属する場合に適用され，その計算方法は，1株当たりの配当金額を10%で割り戻して算定する。
【関連用語】インカム・アプローチ，同族関係者，類似業種比準方式，純資産価額方式

純資産価額方式 (じゅんしさんかがくほうしき)

会社が解散するとした場合に，その会社の株主に分配されるはずの正味の純資産価値で評価対象会社の株価を算出する方式をいう。国税庁方式である財産評価基本通達による評価方法の1つであり，小会社においてはこの方式が税法上の原則的評価方式となる。
【関連用語】コスト・アプローチ，類似業種比準方式，配当還元方式

資本政策上の主な手法

株式譲渡（かぶしきじょうと）

　既存の株主が、所有する株式を他の者に譲渡すること。株式譲渡により、発行済株式総数を変化させずに株主構成の是正を図ることができる。未上場段階では、通常定款に譲渡制限の定めが存在しており、その場合株式譲渡には取締役会の承認が必要となる。
【関連用語】株式の譲渡制限

第三者割当増資（だいさんしゃわりあてぞうし）

　特定の第三者に募集株式を割り当てて増資を行うこと。資金調達、安定株主作り、取引先等との関係強化のほか、経営状態が悪く不特定多数を対象とした増資ができない場合や、買収防衛策などにも利用されることがある。
【関連用語】株主割当増資

自己株式の取得・処分・消却（じこかぶしきのしゅとく・しょぶん・しょうきゃく）

　会社による自己株式の取得は、機動的な資本政策や株主還元策等を目的に実施される。また、自己株式を特定の者に譲渡することにより、株主構成を変化させ資金調達を行うことができる。自己株式を消滅させることを自己株式の消却といい、これにより1株当たりの利益数値の改善や過剰な発行済株式総数の減少を図ることができる。
【関連用語】自己株式

株式併合（かぶしきへいごう）

　各株主の持株比率を含めた株主構成を変化させることなく、例えば10株を1株にする等により発行済株式総数のみを減少させる方法をいう。投資単位の調整に利用されることが多いが、併合比率によっては一部の少数株主の持株数が単位未満の端数となる可能性がある。発

行済株式総数が利益水準に比して多大であることにより株価が低く抑えられる場合には株式併合を活用する余地はあるものの，その利用にあたっては，少数株主保護の観点も踏まえ慎重に検討する必要がある。
【関連用語】株式分割

株式分割 (かぶしきぶんかつ)

　各株主の持株比率を含めた株主構成を変化させることなく，例えば1株を10株にする等により発行済株式総数のみを増加させる方法をいう。上場会社において株式分割は市場での1単元当たりの取引価格を適正化し，市場流動性を高めることを目的として実施することが多い。2001年の商法改正により，1株当たりの最低純資産額の規制が撤廃されたこと，東京証券取引所などから投資単位が50万円未満になるよう投資単位の引下げに努める旨を規則化されたことにより活発化した。
【関連用語】単元株制度，株式併合

株主割当増資 (かぶぬしわりあてぞうし)

　既存の株主に対して，各株主が所有する株式の割合に応じて新株を割り当て増資を行うこと。既存株主の所有株式数を均等に増加させることができ，株主構成を変化させることなく資金調達を行うことが可能である。
【関連用語】第三者割当増資

種類株式 (しゅるいかぶしき)

　剰余金の配当，残余財産の分配，株主総会において議決権を行使することができる事項などについて，ほかの株式とは異なる権利内容の定めをもつ株式のこと(会108条1項)。種類株式を発行する場合は，種類株式の種類により記載が要求される一定の事項および発行可能種類株式総数を定款で定めなければならない(会108条2項)。なお，種類株式発行会社が公開会社である場合には，議決権制限株式(議決権に関する種類株式のうち，議決権を行使することができる事項について制限のある種類の株式)の数が発行済株式総数の2分の1を超えるに至ったと

きは，ただちに，議決権制限株式の数を発行済株式の総数の2分の1以下にするための必要な措置をとらなければならない(会115条)。
【関連用語】議決権制限株式，無議決権優先株

無議決権優先株（むぎけつけんゆうせんかぶ）

剰余金の配当や残余財産の分配においては普通株よりも優先的に取り扱われるものの，原則として株主総会において議決権を行使することができない株式をいう。議決権の行使に関心をもたない株主側の要求，会社経営に口を出す株主を少なくしたいという会社側の要求の双方を反映して導入された制度である。

新株予約権（しんかぶよやくけん）

株式会社に対して行使することにより当該株式会社の株式の交付を受けることができる権利(会2条21号)。発行方法・手続きは，募集株式の発行等の場合とほぼ同じ。公開会社は，有利発行の場合を除いて募集事項を取締役会で決議できる（会240条）。非公開会社は，有利発行でない場合であっても株主総会の特別決議が必要となる。新株予約権の利用方法の1つに，ストック・オプションがある。
【関連用語】募集株式，ストック・オプション，新株予約権付社債

ストック・オプション〔stock option〕

会社が取締役や従業員，その他外部の取引先等を対象として付与する，あらかじめ定められた価格(権利行使価格)で，自社株を購入することのできる権利。将来株価が上昇したときに，権利を行使したうえでその株式を売却すれば，売却価格と権利行使価格との差額が利益となる。取締役や従業員は，自らの努力で企業価値を上昇させ，株価が上がればより高い利益を得ることができるので，経営努力・勤労意欲が促進され，その結果，企業業績の向上に役立つとされている。ストック・オプション制度は，会社の将来の株価と連動したインセンティブ・プランの1つである。
【関連用語】新株予約権，インセンティブ・プラン

新株予約権付社債 (しんかぶよやくけんつきしゃさい)

社債の形態の1つであり、新株予約権が一体として付された社債をいう。一定条件で株式を取得する権利が付与されることから、発行会社にとっては一般的に低い金利負担で社債を発行することができ、また、新株予約権が行使された場合には追加の資金調達が可能となる等のメリットがある。

【関連用語】新株予約権、転換社債

転換社債 (てんかんしゃさい)

あらかじめ決められた期間に、あらかじめ決められた価格(転換価格)で株式に転換できる権利が付与された社債。正式名称は転換社債型新株予約権付社債。

転換社債は株式に換える権利が付いているので、普通社債の安全性と株式の投機性を併せもっているのが特徴。転換社債の購入者は、株価が転換価格を上回れば社債を株式に換えて市場で売却することで、転換社債の価格が上がれば転換社債のまま売却することで、利益をあげることができる。また、株価が転換価格を下回ったままであれば、満期まで持ち続けて利息と償還金を受け取れる。一方、発行会社にとっては、株式への転換が進めば償還金を返す必要がなく、利子負担だけで済むというメリットがある。また、株式に転換できる権利が付いているため、利率を普通社債より低く設定できる場合が多い。

【関連用語】新株予約権付社債

CB〔Convertible Bond〕

→転換社債［p.60］

デット・エクイティ・スワップ(DES)〔Dept Equity Swap〕

デット(債務)とエクイティ(株式)をスワップ(交換)することをいい、債務の株式化ともいわれる。債権者においては、債務者に対する債権を債務者が発行する株式に振替え、債務者においては、債権者に対する債務を資本に振替える。経営不振企業を再生する際に、金融機関が債権放棄をする代わりに債権を現物出資して株式化したり、創業者等

が会社に対して貸付金を有している場合などに，その貸付金を債務から資本へ振替える場合等に利用される。

債務者である企業にとっては，借入金の元本返済額や利払額の圧縮によるキャッシュ・フローの改善効果や，借入金を資本に振り替えることによる自己資本比率などの財務数値の改善といったメリットもある。

オーバーアロットメント〔over allotment〕

募集または売出しに際して，需要動向を踏まえた消化や売出しの後の流通市場における需給関係の悪化を防止する観点から，当初の募集・売出予定株数を超える需要があった場合，主幹事証券会社が発行会社の既存株主から一時的に株式を借り，当初の募集・売出しと同一条件で追加的に行う売出しのこと。投資家にとっては需要に見合った適切な供給が図られるというメリットがあるとともに，引受リスクや売出し人のコストの低減も図られる。オーバーアロットメントの合計数量は，当初の公募・売出し株数の国内における予定数量の15％が限度とされている（有価証券の引受け等に関する規則29条）。

【関連用語】グリーン・シュー・オプション，シンジケートカバー取引

グリーン・シュー・オプション〔green shoe option〕

オーバーアロットメントが行われた場合に借り入れた株式を返却するための株式調達方法の1つとして，主幹事証券会社が，引受価額を行使価格として，発行会社もしくは貸株人から追加的に株式を取得できる権利をいう。

上場後の市場価格が引受価額より高く推移している場合，主幹事証券会社は，すでに上場された市場から株式を調達せず，グリーン・シュー・オプションを権利行使することにより株式を調達し，借り入れた株式を貸株人に返却することとなる。

【関連用語】シンジケートカバー取引，オーバーアロットメント

シンジケートカバー取引（しんじけーとかばーとりひき）

オーバーアロットメントが行われた場合に借り入れた株式を返却す

るための株式の調達方法の1つとして，主幹事証券会社が，すでに上場された市場から株式を調達する方法をいう。

市場価格がグリーン・シュー・オプションの行使価格(引受価額)よりも下回った場合にはシンジケートカバー取引を実施して株式を市場から調達し，借り入れた株式を貸株人に返却することとなる。オーバーアロットメント分の株式を引受価額未満であることを前提に市場から買い付けることにより上場後の株価形成が安定化する効果がある。
【関連用語】グリーン・シュー・オプション，オーバーアロットメント

有利発行 (ゆうりはっこう)

第三者割当増資等の新株発行または新株予約権の付与の際に，時価を下回る価格(無償による付与を含む)で行われる場合，有利発行という。有利発行が行われると既存の株主の持分が希薄化するため，株主総会における特別決議が必要となる(会309条2項5号)。なお，会社法の解釈では時価を15%以上下回る価格で新株発行等を行う場合には有利発行に係る決議が必要となるとの見解が有力となっている。
【関連用語】特別決議

4 コーポレート・ガバナンス

　コーポレート・ガバナンスは，一部の経営者の独断や自己の利益を優先することによって生じる経営者の暴走や判断ミス，そして企業倫理からの逸脱などを防止するための考え方であり，近年の企業不祥事等を踏まえ，社会からの関心が高まっています。上場審査においても，企業のコーポレート・ガバナンス体制が適切に整備され，有効に機能していることが強く求められています。そこで本章では，企業がコーポレート・ガバナンス体制の構築のために必要とされる企業の組織体制に係る用語を中心に説明します。

全般的事項

コーポレート・ガバナンス〔corporate governance〕
　企業価値の最大化や企業理念の実現に向けて,経営を動機づけ,あるいは監視することにより企業活動を律する仕組みをいう。企業活動は,多くのステークホルダーによって成り立っており,経営者の勝手な暴走を許さないようにするため,相互の利害関係を円滑に調整しながら経営を方向づけていく必要がある。
【関連用語】コーポレート・ガバナンス体制

コーポレート・ガバナンス体制（こーぽれーと・がばなんすたいせい）
　コーポレート・ガバナンスを実践するための体制をいう。上場審査では,企業グループの役員の適切な職務の執行を確保するための体制が適切に整備,運用されている状況が認められるかの確認が行われる。また,上場後はコーポレート・ガバナンス報告書等によりコーポレート・ガバナンス体制の開示が求められる。
【関連用語】コーポレート・ガバナンス,企業のコーポレート・ガバナンス及び内部管理体制の有効性,コーポレート・ガバナンス報告書

上場会社コーポレート・ガバナンス原則（じょうじょうがいしゃこーぽれーと・がばなんすげんそく）
　上場会社のコーポレート・ガバナンスに資するために東京証券取引所が2004年3月に公表した原則である。コーポレート・ガバナンスの充実は上場会社の自発的な取り組みと株主・投資者といった市場関係者の評価とが一体となって進められていくべきとの考えに基づき,そのために必要な共通する認識の基盤を提供することを目的として策定され,上場会社のコーポレート・ガバナンスに期待される機能を踏まえて,共通する基本的な要素と留意点を掲げている。
　具体的には5つの基本的な機能として①株主の権利,②株主の平等

性, ③コーポレート・ガバナンスにおけるステークホルダーとの関係, ④情報開示と透明性, ⑤取締役会・監査役(会)等の役割を掲げている。なお, コーポレート・ガバナンスのさらなる充実と強化に向けた環境整備の一環として2009年12月に①コーポレート・ガバナンスを企業グループ全体で実現する必要がある点, ②経営のモニタリングに関し監査役の機能強化の観点で留意すべき事項, ③金融審議会金融分科会において株主・投資家等からの信認を確保するうえでふさわしいと考えられるコーポレート・ガバナンスのモデルとされた3つの類型等を備考として付記することとする3点の改定が行われている。
【関連用語】コーポレート・ガバナンス体制

コーポレート・ガバナンス報告書 (こーぽれーと・がばなんすほうこくしょ)

上場会社が開示するコーポレート・ガバナンスの状況を記載した報告書のこと。上場会社は, 金融商品取引所の定める適時開示制度によりコーポレート・ガバナンス報告書の提出を求められ, 報告書は,「コーポレート・ガバナンスに関する基本的な考え方及び資本構成, 企業属性その他の基本情報」「経営上の意思決定, 執行及び監督に係る経営管理組織その他のコーポレート・ガバナンス体制の状況」「株主その他の利害関係者に関する施策の実施状況」「内部統制システム等に関する事項」等について記載することが求められている。コーポレート・ガバナンスの重要性が高まるなかで, 経営者が責任をもって適切なディスクロージャーに取り組む意識をもつということと, 企業経営者の独走を牽制する観点から独立性のある社外の人材を適切に活用することに重点をおくこととし, その実現を促進する観点から導入された。
【関連用語】コーポレート・ガバナンス体制, ディスクロージャー

機関 (きかん)

主に株式会社のガバナンス面において機能, 役割を果たしている会社法上のセクションのこと。例えば, 株主総会は最高意思決定機関, 取締役は業務執行機関, 監査役は取締役の業務執行を監査する機関である。
【関連用語】機関設計, 株主総会, 監査役, 監査役会, 取締役, 取締役会, 会

計監査人

機関設計（きかんせっけい）

　機関の組み合わせを決めること。会社法上は基本的に企業の判断により自由な機関設計が可能であるが，上場を目指すうえでは証券取引所が求める機関設計に対応する必要がある。例えば，取締役会の設置，運営や監査役監査の実施は一定の運用期間が求められており，また，証券取引所に上場申請する時点では，原則として，監査役会と会計監査人の設置が求められている。
【関連用語】機関，株主総会，監査役，監査役会，取締役，取締役会，会計監査人

株主総会の役割

株主総会（かぶぬしそうかい）

　株式会社の最高意思決定機関。株主総会の構成員は文字通り株主であり，1株以上（定款において1単元の株式数の定めがある場合には1単元以上）の株式を有する株主によって構成される。毎事業年度ごとに開催する定時総会と，必要に応じて招集される臨時総会がある。
【関連用語】機関

代理人による株主総会出席（だいりにんによるかぶぬしそうかいしゅっせき）

　株主自らが株主総会に出席できない場合，代理権を証明する書面を提出することにより代理人による議決権の代理行使が認められること（会310条1項）。会社の承諾を得ることを前提に，証明書類に記載すべき事項を電磁的方法により提供することもできる（会310条3項）。
　実務上は，定款によって代理人資格を当該会社の株主に限定することができる。ただし，法人株主で代表者が従業員に職務を代行させる場合には定款の効力が及ばないとされる。

【関連用語】委任状方式, 議決権行使, 書面投票制度, 電子投票制度

議決権行使 (ぎけつけんこうし)

議決権行使とは, 議決権を有する株主が株主総会に出席し, 議案または議題に対して賛否を示し, 投票すること。議決権行使の便宜を図るため, また会社にとっても定足数確保のため, 事前の議決権行使が可能となる方策がとられている。

【関連用語】議決権, 書面投票制度, 電子投票制度, 委任状方式

書面投票制度 (しょめんとうひょうせいど)

議決権行使書用紙を招集通知に同封し, 株主に書面による議決権行使を認めること(会311条, 会298条1項3号, 会規63条4号)。議決権行使書方式。

【関連用語】議決権行使, 電子投票制度

電子投票制度 (でんしとうひょうせいど)

書面投票を電磁的な方法で行うこと(会312条, 会298条1項4号, 会規63条4号)。電子行使方式。

【関連用語】議決権行使, 書面投票制度

常任代理人 (じょうにんだいりにん)

海外に居住する投資家が選任する国内の代理人。株式の諸通知の受領や, 名義書換請求権および増資・新株引受権の権利の行使等を行う。通常, 信託銀行や証券会社等の金融機関が行っている。

株主総会参考書類 (かぶぬしそうかいさんこうしょるい)

株主の議決権行使について, 参考となるべき事項を記載した書類(会301条1項)。株主総会に出席しない株主が書面によって議決権を行使する(会298条1項3号)と定めた場合に, 株主総会の招集に際し, 取締役が議決権行使書面とともに交付するもの。書類の内容は, 会社法施行規則において取締役・監査役・会計参与・会計監査人の選任・解任, その報酬等, 計算関係書類の承認, 合併契約等の承認に係る議案等と

規定されている(会規73条〜94条)。
【関連用語】議決権行使,書面投票制度,電子投票制度,招集通知,計算書類,事業報告

委任状方式 (いにんじょうほうしき)

招集通知発送の際に委任状用紙を同封し,株主に対し委任状の提出を勧誘する方法。委任を受けた者が株主総会に出席して,委任状の記載に基づき意思表示をすることとなり,株主総会に代理出席していることとなる。上場会社の委任状勧誘については,諸法令においてルールが定められている(金商及び同施行令36条の2,上場株式の議決権の代理行使の勧誘に関する内閣府令)。
【関連用語】議決権行使,書面投票制度,プロキシー・ファイト

プロキシー・ファイト〔proxy fight〕

委任状争奪戦。株主総会における議案についての議決権を獲得するうえで,議案に賛成もしくは反対する株主を募り,その議決権行使の委任状を取り付ける争いを会社側の経営陣や株主もしくは,利害対立する複数の株主グループ間で行うこと。
【関連用語】委任状方式

動議 (どうぎ)

合議体の会議において,予定以外の議題をその構成員が提出すること,またはその提案のこと。株主総会における動議には,運営や議事進行に関する手続的動議と,招集通知に記載された議案の修正動議とがあり,出席した株主もしくは代理人または出席役員が提出することができる。

説明義務 (せつめいぎむ)

株主総会にて株主が総会の目的事項につき質問をする権利があり,取締役や監査役がこれに対して,説明を行う義務のこと。取締役や監査役等は,株主総会において,株主から特定の事項について説明を求められた場合には,当該事項について必要な説明をしなければならな

いが，当該事項が株主総会の目的である事項に関しないものである場合，その説明をすることにより株主の共同の利益を著しく害する場合など，正当な理由がある場合は，拒否することができる（会314条）。

株主提案（かぶぬしていあん）

株主が株主総会の議案を提出できる制度。会社法303条〜305条に規定している株主の権利で，経営に参加する権利である共益権の1つ。公開会社である取締役会設置会社においては，総株主の議決権の100分の1以上の議決権，または，300個以上の議決権を6ヵ月以上前から引き続き保有する株主が行うことができる。複数の株主が議決権数を合算して要件を満たすことも可能であり，株主総会開催日の8週間前までに書面をもって行使する。なお，提案した議案が10分の1以上の賛成を得られなかった場合は，同内容の議案は3年間提出できない。
【関連用語】共益権

普通決議（ふつうけつぎ）

株主総会の原則的な決議方法。定款に別段の定めがある場合を除き，議決権を行使することができる株主の議決権の過半数を有する株主を定足数とし，出席した株主の議決権の過半数の賛成をもって決議する（会309条）。なお，普通決議の定足数は定款で軽減もしくは排除することができ，定足数を排除し，出席した株主の議決権の過半数で決するとしている会社も多い。普通決議事項としては，役員（取締役・会計参与・監査役）と会計監査人の選任，計算書類の承認等がある。役員の選任決議の場合の定足数は，少なくとも議決権を行使することのできる株主の議決権の3分の1以上が必要となる（会341条）。
【関連用語】特別決議，特殊決議

特別決議（とくべつけつぎ）

株主総会での決議方法の1つ。議決権を行使することができる株主の議決権の過半数を有する株主が出席し，出席した株主の議決権数の3分の2以上の賛成をもって決議する。なお，定足数を議決権の3分の1まで緩和することができる。株主にとって重大な影響を及ぼす事

項について，特別決議を求めることにより，株主の権利保護を図っている。特別決議事項としては，定款変更，会社の解散・合併，資本の減少等がある。
【関連用語】普通決議，特殊決議

特殊決議 (とくしゅけつぎ)

株主総会での決議方法の1つ。特別決議よりもさらに重い決議要件を必要とする株主総会決議のこと(会309条3項，4項)。例えば，全部の株式を譲渡制限とする旨の定款変更や新設合併契約の承認等に際しては，議決権を行使することができる株主の半数以上かつ当該株主の議決権の3分の2にあたる多数の賛成を要し(会309条3項)，非公開会社で株主の権利に関し株主ごとに異なる取扱いをする旨の定款変更に際しては総株主の半数以上かつ総株主の議決権の4分の3以上にあたる多数の賛成を要する(会309条4項)。
【関連用語】普通決議，特別決議

株主総会議事録 (かぶぬしそうかいぎじろく)

株主総会の議事についての記録であり，その作成，保管が義務づけられている(会318条)。保管期間は，本店は株主総会の日から10年間，支店においては5年間(会318条2項，3項)。記載すべき内容は，株主総会が開催された日時および場所(当該場所に存しない取締役，執行役，会計参与，監査役，会計監査人または株主が株主総会に出席をした場合における当該出席の方法を含む)や議事の経過の要領およびその結果などである(施則72条3項)。

議決権 (ぎけつけん)

株主総会の決議に加わる権利。株主は原則として株式1株につき1個(単元株式制度導入の会社の場合は1単元につき1個)の議決権を有する(会308条1項)。ただし，会社の自己株式や相互保有株式には議決権が認められない。株主総会への出席は，議決権を有する株主のみ認められているが，実務上は事前に招集手続きを準備する必要があることから，一般的には，定款によって事業年度末日の最終の株主名簿に

記載または記録された株主に議決権そして出席権を与えている（会124条）。
【関連用語】議決権制限株式，議決権行使

自益権 (じえきけん)

株主が会社から直接に経済的利益を受ける権利で，株主が自分のために自分一人で行使できる単独株主権。剰余金配当請求権，残余財産分配請求権など会社から経済的利益を受ける権利のほか，単元未満株式の買取請求権，反対株主の株式買取請求権なども自益権である。
【関連用語】共益権

共益権 (きょうえきけん)

株主が会社経営に参画する，あるいは，取締役等の行為を監視・是正する権利。共益権を行使すると，その効果がほかの株主にも及ぶ点が自益権と異なる。最も代表的な共益権は株主総会における議決権である。共益権は単独で行使する場合と一定の株数や議決権割合に基づいて行使する場合があり，後者は少数株主権と呼ばれる。
【関連用語】自益権，少数株主権，株主提案

自己株式 (じこかぶしき)

株式会社が所有する自社の株式のこと（会113条4項）。株式会社は自己の株式を取得することができる（会155条）が，自社株式の取得は，会社財産の実質的な払戻となる，特定の株主にのみ投下資本回収の機会を与える，会社支配の公正を害するなど，株式取引の公正性への弊害が大きいため，取得できる場合が限定されている。
【関連用語】発行済株式総数，財源規制

相互保有株式 (そうごほゆうかぶしき)

2つの企業がお互いの株式を持ち合っている株式のこと。会社法上の相互保有株式の議決権制限規制により，たとえばA社が議決権の25％以上の株式をB社に保有される場合，A社の保有するB社株式には，議決権が認められない。会社法では，子会社の判定と同時に，

議決権が制限される会社の判定に、持株基準に加え、実質的な支配力基準をもってその判断にあたることとなっている（会308条1項、同2項）。
【関連用語】持ち合い

議決権制限株式 (ぎけつけんせいげんかぶしき)

株主総会において議決権を行使することができる事項について、その一部または全部の制限が付された株式のこと（会108条）。会社はオーナーの議決権比率を管理することができることから、事業承継者以外への相続や買収防衛策に用いられる。他の種類株式と同様に、制限の内容を定款に定め、登記する必要がある。
【関連用語】種類株式、無議決権優先株

株主代表訴訟 (かぶぬしだいひょうそしょう)

株主が役員等の責任を追及するために提起する訴訟のこと（会847条）。6ヵ月以上前より引き続いてその会社の株式を有する（非公開会社の場合、保持期間の制限はない）株主は、会社に役員等を訴追するよう請求することができる。この際、会社を代表して対応する監査役（監査役設置会社の場合）が60日を経過しても役員責任を追及しない場合、株主自身が提訴することができる。また、60日の経過により会社に回復不能な損害が発生するおそれがある場合には、ただちに株主自身が提訴することができる。

取締役・取締役会の役割

取締役会 (とりしまりやくかい)

取締役全員（最低3人以上）で構成され、取締役会設置会社の業務執行の決定や取締役の職務の執行の監督等を行う機関である。業務執行取締役（代表取締役等）は3ヵ月に1回以上、取締役会へ職務執行の状況

を報告しなければならない(会363条)が，上場審査上は，適時開示の観点から，月次決算報告および予算実績分析を含め毎月1回以上定例取締役会を開催する必要がある。
【関連用語】取締役，取締役会設置会社，業務執行取締役，特別取締役

取締役会設置会社 (とりしまりやくかいせっちがいしゃ)

取締役会を設置することを定款に定めた会社。公開会社，監査役会設置会社，委員会設置会社は，取締役会の設置が義務づけられている。
【関連用語】公開会社

忠実義務 (ちゅうじつぎむ)

取締役が，法令および定款ならびに株主総会の決議を遵守し，株式会社のためにその職務を行わなければならない(会355条)とする義務。会社と取締役の間には委任契約が存在し(会330条)，会社が委任者，取締役が受任者の関係にあり，取締役は受任者として善良なる管理者の注意をもって職務を行う義務を負うことになる(善管注意義務という)。忠実義務も善管注意義務の一部に過ぎないとされるが，特に取締役・会社間の利害対立状況において私利を図らない義務のみを忠実義務と呼ぶことが多い。

競業取引 (きょうぎょうとりひき)

取締役が自己または第三者のために会社の事業の部類に属する取引をすること(会356条)。競業取引を行う際には(取締役会設置会社の場合)，取締役会において当該取引につき重要な事実を開示し，承認を受ける必要がある。さらに，取引後，遅滞なく当該取引についての重要事実を取締役会に報告する義務がある。取締役会で承認を受けずに競業取引をして自社に損害が出た場合や承認を受けても注意義務を怠った場合には，損害賠償責任を負うことになる。
【関連用語】利益相反取引，特別利害関係取締役

利益相反取引 (りえきそうはんとりひき)

取締役が自己または第三者のために会社と取引をしたり，会社が取

締役以外の者との間で取締役の債務を保証するなど会社・取締役間の利害が相反する取引をすること(会356条)。利益相反取引により会社が損害を被るおそれがあることから、利益相反取引を行う際には競業取引同様の規制を受ける。
【関連用語】競業取引、特別利害関係取締役

特別利害関係取締役 (とくべつりがいかんけいとりしまりやく)

取締役会の決議について特別な利害関係を有する取締役は議決に加わることができない(会369条2項)。この特別な利害関係を有する取締役のことをいう。特別な利害関係を有する場合として、競業取引や利益相反取引の承認(会356条)などがある。
【関連用語】競業取引、利益相反取引

特別取締役 (とくべつとりしまりやく)

特別取締役とは、本来取締役会決議を要する事項のうち、重要な財産の処分および譲受け、多額の借財に関する事項について決議権限を与えられた取締役のことであり、特別取締役の過半数が出席し、その過半数の賛成により決議される。

特別取締役を設置するためには、取締役の数が6人以上であり、取締役のうち1人以上が社外取締役であることが必要である。
【関連用語】取締役会

責任限定契約 (せきにんげんていけいやく)

株式会社の社外取締役等(社外取締役、会計参与、社外監査役、会計監査人)の会社に対する損害賠償責任を一定限度に制限する契約。定款の定めにより、社外役員等が善意でかつ重大な過失がない場合の責任をあらかじめ定めた額の範囲内とする旨の契約を社外取締役等と締結することができる(会427条1項)。ただし、最低責任限度額(社外取締役等の場合報酬等の2年分)を下回る額を定めた場合でも、最低責任限度額が優先される。責任限定契約の定めは登記事項である。
【関連用語】社外取締役、会計参与、社外監査役、会計監査人

書面決議（しょめんけつぎ）

取締役会の決議事項を，書面またはインターネットなどの電磁的方法によって持ち回りで審議し，取締役会を開催せずに決議すること。書面決議が認められるための要件は，①定款でその旨を定めること，②取締役全員が決議の目的事項について書面または電磁的記録により同意の意思表示をすること，③監査役設置会社にあっては監査役が異議を述べないことである（会370条）。

取締役会への報告の省略（とりしまりやくかいへのほうこくのしょうりゃく）

取締役，会計参与，監査役または会計監査人が取締役会に報告すべき事項を取締役の全員に対して通知したときは，その事項を取締役会へ報告することを省略できる。監査役設置会社では取締役のほかに監査役の全員に対しても通知する必要がある。

ただし，代表取締役または業務執行取締役の職務執行状況の報告については，取締役会への報告を省略することはできない。

【関連用語】取締役会

監査役・監査役会の役割

監査役（かんさやく）

株式会社において，取締役の業務執行を監査する機関。業務監査および会計監査を通じて，会社経営に関して違法または著しく不当な職務執行行為がないかどうかを確認し，それがあれば阻止・是正するのが職務である。

【関連用語】取締役

監査役設置会社（かんさやくせっちかいしゃ）

監査役をおく会社（監査の範囲を会計に関するものに限定する旨の定款の定めがあるものを除く）または会社法の規定により監査役をおかなけ

ればならない会社(会2条9号)。
【関連用語】監査役

補欠監査役 (ほけつかんさやく)
　法令または定款で定める監査役の数が，定時株主総会までに欠ける場合に備えて，あらかじめ選任される監査役候補。監査役会の設置が義務づけられた会社で，社外監査役候補を補欠監査役として選任するケースが多い。補欠監査役を選任するためには，定款に補欠監査役を選任できる旨の記載を行う必要がある。
【関連用語】監査役，監査役会

監査役会 (かんさやくかい)
　すべての監査役で構成され，監査報告の作成や常勤監査役の選定・解職，監査役の職務の執行に関する事項の決定を行う機関(会390条)。監査役会設置会社においては監査役は3人以上，うち半数以上は社外監査役であることが求められる(会335条)。監査役が独任制の機関であるため，監査役会は取締役会と異なり，監査役の職務の執行に関する事項を定めても，各監査役の権限の行使を妨げることができない。会社法上，大会社である公開会社(委員会設置会社を除く)は監査役会の設置義務がある(会328条)が，そうでない会社についても，証券取引所の上場規程で設置義務が課されている。
【関連用語】監査役

監査役会設置会社 (かんさやくかいせっちかいしゃ)
　監査役会をおく会社または会社法の規定により監査役会をおかなければならない会社(会2条10号)。
【関連用語】監査役会

独任制 (どくにんせい)
　監査役が他の監査役から独立して，独自に権限を行使して職務を行う制度のこと。監査役が独任制の機関であるため，監査役会は取締役会とは異なり，監査役の職務の執行に関する事項を定めても，各監査

役の権限の行使を妨げることはできず，各監査役は監査役会の決議を待たずとも，単独で取締役に対する事業報告請求や会社業務・財産状況調査を行うことができ，調査の結果によっては，取締役の行為の差止め請求を行うことができる。また，監査役は，監査役会で決議によって内容を決定する「監査役会監査報告」の内容が自己の意見と違う場合は，自己の意見を付記することができる。
【関連用語】監査役，監査役会

常勤監査役（じょうきんかんさやく）

他に常勤の仕事がなく，会社の営業時間中原則としてその会社の監査役の職務に専念する者をいう。監査役監査は，通常は常勤監査役が中心となって遂行される。会社法上は監査役会設置会社においてのみ常勤監査役の選定が必要とされている（会390条3項）が，上場準備実務上は，監査役会未設置であっても必ず1名以上選任されている必要がある。
【関連用語】監査役会

会計監査（会社法）（かいけいかんさ）

計算書類の適正性の確保を目的として，計算書類およびその附属明細書を対象として行う監査。独立性のある監査人（会計監査人，監査役）によって行われる。会計監査人設置会社においては，監査役が会計監査人からその独立性を含めた職務の執行状況，会計監査人による監査の結果について報告を受け，検証したうえで，監査役の監査報告書上，会計監査人の監査の方法および結果が相当であるか否かについての意見を表明する。
【関連用語】監査役監査，会計監査人

業務監査（ぎょうむかんさ）

取締役の職務執行の適法性（法令・定款違反）の保証等を目的として，監査役によって行われる監査。取締役会に出席して審議の状況を監視するほか，必要に応じて，報告請求権や業務財産調査権，子会社調査権などを活用して，取締役の職務の執行や事業報告を監査する。

【関連用語】監査役監査

監査役の監査報告書 (かんさやくのかんさほうこくしょ)

監査役(もしくは監査役会)が取締役の職務執行の監査の結果として作成する報告書。監査役(および監査役会)の監査の方法および内容,監査の結果が記載される。
【関連用語】監査報告書

役員に関する事項

取締役 (とりしまりやく)

株式会社の経営を委任する目的で株主総会の決議をもって選任された者。すべての株式会社で必ず設置しなければならない機関である。取締役会非設置会社では会社の業務を執行し,取締役会設置会社では,代表取締役や業務執行取締役が行う会社の業務執行を監視するとともに,取締役会の構成員として意思決定を行う。取締役会には3名以上の取締役が必要になる。
【関連用語】取締役会,取締役会設置会社,代表取締役,業務執行取締役

委員会 (いいんかい)

取締役会の決議により取締役のなかから選定された3名以上の委員で構成される会社法上の機関(会404条)。指名委員会(取締役の選任議案内容の決定等),監査委員会(取締役の職務執行の監査,会計監査人の選任議案内容の決定等),報酬委員会(取締役の個人別報酬等の内容の決定)がある。各委員会の委員の過半数は,社外取締役でなければならない。
【関連用語】委員会設置会社,指名委員会,監査委員会,報酬委員会

指名委員会 (しめいいいんかい)

委員会設置会社に設置が求められる3つの委員会のうちの1つ(会

2条12号)。株主総会に提出する取締役(会計参与設置会社にあっては,取締役および会計参与)の選任および解任に関する議案の内容を決定する機関とされている(会404条1項)。
【関連用語】委員会,監査委員会,報酬委員会

監査委員会 (かんさいいんかい)

委員会設置会社に設置が求められる3つの委員会のうちの1つ(会2条12項)。①執行役等(執行役および取締役をいい,会計参与設置会社にあっては,執行役,取締役および会計参与をいう)の職務の執行の監査および監査報告の作成,②株主総会に提出する会計監査人の選任および解任ならびに会計監査人を再任しないことに関する議案の内容の決定を行う機関とされている(会404条2項)。

また,監査委員会に関しては執行役等および支配人その他の使用人に対し,事業の報告を求め会社の業務および財産の状況を調査できること(会405条),不正・不法行為に関する取締役会への報告義務(会406条),執行役等に対する行為差止請求権(会407条)が規定されている。監査委員は他の委員会同様の要件に加えて,当該会社の執行役,業務執行取締役またはその子会社の執行役,業務執行取締役,会計参与,支配人その他の使用人を兼ねることはできない。
【関連用語】委員会,指名委員会,報酬委員会

報酬委員会 (ほうしゅういいんかい)

委員会設置会社に設置が求められる3つの委員会のうちの1つ(会2条12号)。会社法361条1項(取締役の報酬等)ならびに会社法379条1項および2項(会計参与の報酬等)の規定にかかわらず,執行役等の個人別の報酬等の内容を決定する機関とされている(会404条3項)。なお,執行役が委員会設置会社の支配人その他の使用人を兼ねているときは,当該支配人その他の使用人の報酬等の内容についても,同様とする。
【関連用語】委員会,指名委員会,監査委員会

代表取締役 (だいひょうとりしまりやく)

株式会社を代表して取締役会から委任を受けた執行行為について実際にその行為を行う権限を有する者。取締役会設置会社においては取締役のなかから代表取締役を選定しなければならない(会362条3項)。なお、代表取締役の数には制限はなく、1人とは限らない(会349条)。
【関連用語】取締役

委員会設置会社 (いいんかいせっちがいしゃ)

指名委員会・監査委員会・報酬委員会をおく会社(会2条12号)。委員会設置会社は、監査役(監査役会)を設置できず(会327条4項)、会計監査人をおかなければならない(会327条5項)。大会社である公開会社では、監査役会をおかない場合は、委員会設置会社の形態をとることになる(会328条1項)。

委員会設置会社では、取締役会は主に監督機関の役割を担い、実際の業務執行は取締役会で選任される執行役が行う(会418条)。ただし、執行役は、取締役を兼ねることができる(会402条6項)。執行役のうち会社を代表する者を代表執行役という(会420条)。
【関連用語】委員会、指名委員会、監査委員会、報酬委員会

業務執行取締役 (ぎょうむしっこうとりしまりやく)

代表取締役と、代表取締役以外の取締役であって、取締役会の決議によって取締役会設置会社の業務を執行する取締役として選任されたものをいう(会363条1項)。業務執行取締役は3ヵ月に1回以上、自己の職務の執行の状況を取締役会に報告しなければならない(会363条2項)。
【関連用語】取締役、取締役会

役員の選任 (やくいんのせんにん)

会社法上の一定の地位を有しない者に地位を付与すること(例:取締役の選任)。
【関連用語】役員の解任

役員の選定 (やくいんのせんてい)

　会社法上の一定の地位を有する者について，さらに一定の地位を付与すること(例：代表取締役の選定)。
【関連用語】役員の解職

役員の解職 (やくいんのかいしょく)

　役員の選定により会社法上の一定の地位を有する者について，その一定の地位を剥奪すること(例：代表取締役を解職する)。
【関連用語】役員の選定

役員の解任 (やくいんのかいにん)

　役員の選任により会社法上の一定の地位を有する者について，その一定の地位を剥奪すること(例：取締役の解任)。
【関連用語】役員の選任

会計参与 (かいけいさんよ)

　取締役(および執行役)と共同して計算書類・附属明細書，臨時計算書類，連結計算書類を作成する機関(会374条1項)。任意設置の機関であるが，取締役会設置会社において監査役を設置しない株式会社においては，会計参与の設置が義務づけられている(会327条2項但書)。要件としては，公認会計士(もしくは監査法人)または税理士(もしくは税理士法人)であることを要する(会333条1項)。また，株式会社またはその子会社の取締役，監査役もしくは執行役または支配人その他の使用人との兼任は認められない(会333条3項1号)。そして，公認会計士である会計参与は，その会社の会計監査人となることもできない(会337条)。
【関連用語】計算書類，取締役，会計監査人

社外役員 (しゃがいやくいん)

　社外取締役および社外監査役のことをいう。
【関連用語】社外取締役，社外監査役

社外監査役（しゃがいかんさやく）

　過去に当該株式会社又はその子会社の取締役，会計参与，執行役，支配人その他の使用人となったことがない社外の人材による監査役（会2条16号）。会社法上の公開会社である大会社は委員会設置会社を除き，監査役会をおくことが義務づけられており，その監査役の半数以上は社外監査役でなければならない。社外の人材を監査役に起用することにより，監査役の監督機能・コーポレートガバナンスを強化することが目的である。

　また，会社法では，社外取締役と同様，対会社責任および対第三者責任を負い（会423条1項，会429条1項，同2項），会計参与の会社に対する責任については株主代表訴訟の対象とされるが，社外監査役の社外性に基づき，社外監査役の会社に対する責任について，責任制限制度が適用される（会424条～427条）。
【関連用語】監査役会，監査役会設置会社，独立役員

社外取締役（しゃがいとりしまりやく）

　現在および過去において当該株式会社またはその子会社の業務執行取締役もしくは執行役または支配人その他の使用人ではない社外の人材による取締役（会2条15号）。委員会設置会社における各委員会では，委員の過半数が社外取締役でなければならない（会400条3項）。会社から独立した立場の有識者や経営者等を選任することで，取締役会の監督機能強化を目的としている。

　また，会社法では，対会社責任および対第三者責任を負う（会423条1項，会429条1項，同2項）が，社外取締役の社外性に基づき，社外取締役の会社に対する責任について，責任限定制度が適用される（会424条～427条）。
【関連用語】独立役員，委員会設置会社

独立役員（どくりつやくいん）

　一般株主と利益相反が生じるおそれのない社外取締役または社外監査役をいう。独立役員は，社外役員の中でも特に実質的な独立性を有し，上場会社の意思決定プロセスにおいて，一般株主の利益に配慮す

る観点から，発言機会を求め，必要な問題点等の指摘を行い，そうした問題意識が取締役会に出席する他のすべての役員に共有され，そのうえで取締役会等における判断が行われるように努めるなど，一般株主の利益保護のために行動することが期待されている。以下の①から⑤については，原則として独立性を有しているとは判断されない。

① 親会社，兄弟会社の業務執行者であったもの
② 当該会社を主要な取引先とするものもしくはその業務執行者または当該会社の主要な取引先もしくはその業務執行者
③ 当該会社から役員報酬以外に多額の金銭その他財産を得ているコンサルタント，会計専門家または法律専門家
④ 最近において①から③までに該当していたもの
⑤ ①から④の近親者，当該会社または子会社の業務執行者等の近親者

上場会社は，取引所規則により，一般株主保護のため，独立役員を1名以上確保し，独立役員届出書を提出し，コーポレート・ガバナンス報告書において独立役員の確保の状況を開示する必要がある。

【関連用語】独立役員届出書，社外取締役，社外監査役，独立取締役，独立監査役

独立取締役（どくりつとりしまりやく）

→独立役員［p.82］

独立監査役（どくりつかんさやく）

→独立役員［p.82］

独立役員届出書（どくりつやくいんとどけでしょ）

　上場会社が，独立役員の確保の状況について取引所に提出する届出書のことをいう。東京証券取引所では，投資者の便宜に資するよう，上場会社から提出された独立役員届出書に記載された情報を集計した独立役員届出書一覧を作成し，公表している。

【関連用語】独立役員

役員報酬 (やくいんほうしゅう)

　取締役,監査役等の役員に対して1ヵ月以下の一定期間を単位として定期的に支払われる報酬をいい,支給にあたって定款で定めるか株主総会の決議によることとされている(会361条,387条)。会計処理上は費用計上され,また税務上も不当に高額でないかぎり全額損金算入される。なお,公開会社は有価証券報告書等において報酬等(報酬,賞与その他その職務執行の対価として会社から受ける財産上の利益)として以下の開示が求められている。

① 取締役(社外取締役を除く)・監査役(社外監査役を除く)・執行役・社外役員に区分した報酬等の総額,報酬等の種類別(基本報酬・ストック・オプション・賞与・退職慰労金等の区分)の総額等
② 役員ごとの氏名,役員区分,提出会社および主要な連結子会社の役員としての報酬等(連結報酬等)の総額・連結報酬等の種類別の額(ただし,連結報酬等の総額が1億円以上の役員に限ることができる)
③ 提出日現在において報酬等の額またはその算定方法の決定方針がある場合,その内容および決定方法

【関連用語】役員賞与,役員退職慰労金,ストック・オプション

役員賞与 (やくいんしょうよ)

　1ヵ月以下の一定期間を単位として定期的に役員に支払われる報酬とは別に臨時的に支払われる役員報酬の1つで役員退職慰労金以外のもののことを指す。会計処理上は費用計上され,また税務上も確定額の事前届出給与もしくは利益連動給与の要件を満たせば損金算入される。なお,有価証券報告書等における報酬等の開示の範囲に含まれる。
【関連用語】役員報酬,役員退職慰労金,ストック・オプション

役員退職慰労金 (やくいんたいしょくいろうきん)

　役員が退職する際に支給される報酬をいう。一般的には社内規程に基づき,役職,在任期間,功績などをもとにした計算式によって算定される。支給にあたっては役員報酬と同様に定款で定めるか株主総会の決議によることとされている(会361条,387条)。会計上も役員報酬

と同様に費用計上され，また税務上も不当に高額でないかぎり全額損金算入される。なお，有価証券報告書等における報酬等の開示の範囲に含まれる。
【関連用語】役員報酬，役員賞与，ストック・オプション

ストック・オプション〔stock option〕
→ストック・オプション［p.59］

組織的経営

組織的経営 (そしきてきけいえい)
　個人に依存した経営体制ではなく，企業規模の拡大に対応するための組織的な経営体制。組織的経営体制は，それぞれの部門や責任者の業務分掌および職務権限を明確にするとともに，集団的意思決定によることで実現していく。株式公開を目指す企業規模では，経営トップ単独での経営の舵取りは難しくなり，こうした組織的な経営体制作りが求められる。
【関連用語】権限委譲，業務分掌，集団的意思決定

権限委譲 (けんげんいじょう)
　組織的経営の実践にあたって業務の効率化や円滑化のために経営トップをはじめとした上席者が部下に意思決定権や責任を委譲することをいう。昨今では与えられた業務目標を達成するために，組織を構成する社員に自律性を促し，それを支援するといった意味合いも含まれてきている。
【関連用語】組織的経営，業務分掌

業務分掌 (ぎょうむぶんしょう)

　会社内での責任の所在を明らかにするために，各部門の担当する業務範囲を明確化すること。株式公開を目指すような一定規模に達した企業は部門間の業務範囲が明確でないと各部門間で業務や権限のコンフリクトを起こし，調整や折衝などに労力を割くことが生じかねない。こうした事態を生じさせず組織的経営を実践するために，業務分掌を規定し，あらかじめ各部門の業務範囲を明確にしておく必要がある。
【関連用語】組織的経営，権限委譲

集団的意思決定 (しゅうだんてきいしけってい)

　業務上の意思決定を複数人の関与によって行うこと。稟議制度のように意思決定のレベルを階層化して行う方法や経営会議または取締役会のように複数人で協議して意思決定を図る方法等がある。複数人の意思を反映させることにより的確な意思決定を導き出そうとする一方で，意思決定の迅速性に欠けることや責任の所在が曖昧となってしまうというデメリットが生じる可能性がある。
【関連用語】組織的経営，稟議制度

組織図 (そしきず)

　会社の経営管理機構および部門等について記した図表。上場申請資料においては，経営管理機構，各部署の名称，責任者の氏名・役職，配置人数等の記載が求められる。申請会社の経営管理組織が適正に整備・運用され，内部牽制の働く体制になっているかなどを確認するために用いられる。

役職の兼務 (やくしょくのけんむ)

　社内組織において役職を兼任すること。上場準備中の会社においては，人的リソースの不足から兼任関係が生じることがあり，部長兼課長など縦の兼任は許容されることがあるが，2つ以上の部長職の兼務など横の兼任は内部牽制等の観点から上場準備段階において，解消を求められるケースが多い。

稟議制度 (りんぎせいど)

集団的意思決定の方法の1つであり、下位者が上位者に対し上申し、決裁を仰ぐ方法。最終決裁権限者まで、組織内の複数の階層に跨って決裁が行われることが特徴である。稟議事項に関して関係部署への回覧を通じて情報を共有することができるというメリットがある一方で、多くの社員が介在することにより迅速性に欠けることや責任の所在が曖昧になるといったデメリットもある。
【関連用語】集団的意思決定

社内規程 (しゃないきてい)

会社の組織的な業務運営に際し、会社の業務を網羅した会社の規則を明文化したもの。一般的には、定款、取締役会規程、組織規程、業務分掌規程、職務権限規程、経理規程、内部監査規程、コンプライアンス規程、文書管理規程、就業規則、給与規程等から構成される。業務上のルールや処理手順を明文化することで業務の均質化や合理化を図り、会社に継続的にノウハウを蓄積させることを目的とする。

連結経営 (れんけつけいえい)

親会社単体ではなく、連結グループ全体でなされる経営のこと。グループ全体の企業価値を考慮し、全体最適を目指した経営が行われる。上場審査においては、申請会社単体だけではなく、子会社も含めた連結グループ全体が審査対象となり、連結経営体制の整備、運用状況についても確認が行われる。

三様監査

三様監査 (さんようかんさ)

監査役監査、内部監査、会計監査人監査の3つの監査の総称。各々監査主体、監査目的、監査対象が異なり、それぞれの監査主体が連携

し積極的な情報交換をすることで，監査の実効性が高まると考えられている。
【関連用語】監査役監査，内部監査，会計監査人監査

監査役監査 (かんさやくかんさ)

株式会社の機関の1つである監査役によって行われる監査。監査役は主に取締役や執行役の業務執行状況を監査する。監査役監査には業務監査と会計監査の2種類があり，主に株主保護を目的としている。上場審査においては，監査役監査が有効に機能しているか，その実効性が確認されることとなる。
【関連用語】三様監査，監査役，業務監査，会計監査

内部監査 (ないぶかんさ)

経営者自らが主体となって行う，もしくは，経営者に直属し，組織内部の人間で構成された専門部署が独立の立場で行う監査のことをいう。上場審査においては，内部監査が有効に機能しているか，その実効性が確認されることとなる。一般社団法人日本内部監査協会の内部監査基準では内部監査業務について以下のように定義されている。

内部監査とは，組織体の経営目標の効果的な達成に役立つことを目的として，合法性と合理性の観点から公正かつ独立の立場で，経営諸活動の遂行状況を検討・評価し，これに基づいて意見を述べ，助言・勧告を行う監査業務，および特定の経営諸活動の支援を行う診断業務である。これらの業務では，リスク・マネジメント，コントロールおよび組織体のガバナンス・プロセスの有効性について検討・評価し，この結果としての意見を述べ，その改善のための助言・勧告を行い，または支援を行うことが重視される。
【関連用語】三様監査，内部監査人

内部監査人 (ないぶかんさにん)

内部統制の有効性を監視するために，経営管理や業務改善等の通常の業務に組み込まれて行われる内部監査活動を担う者をいう。目的をより効果的に達成するために，内部統制の基本的要素の1つであるモ

ニタリングの一過として，内部統制の整備および運用状況を検討，評価し，必要に応じて，その改善を促す職務を負う。
【関連用語】内部監査

会計監査人監査 (かいけいかんさにんかんさ)

株式会社の機関の1つである会計監査人によって行われる監査。公認会計士または監査法人のみが行うことができる。上場会社が遵守すべき行動規範として東京証券取引所が定めている有価証券上場規程において，会計監査人の設置が求められ(437条)，さらに会計監査人を有価証券報告書または四半期報告書に記載される財務諸表等または四半期財務諸表等の監査証明等を行う公認会計士等として選任するものとされている(438条)。
【関連用語】三様監査，会計監査人，公認会計士，監査法人

会計監査人 (かいけいかんさにん)

株式会社の計算書類・附属明細書，臨時計算書類，連結計算書類を監査し，会計監査報告書を作成する機関(会396条)。計算書類等について第一次的には会計監査人が監査を行い，監査役はその会計監査人の監査の方法または結果の相当性について監査を行うこととなる(会436条2項，会441条2項，会444条4項)。会社法上，大会社もしくは委員会設置会社の場合は会計監査人を置かなければならない(会327条5項，会328条)が，そうでない会社においても，上場基準において設置義務が課されている。
【関連用語】会計参与，監査役

特定監査役 (とくていかんさやく)

会計監査人が行う会計監査報告を受ける監査役のこと。特定監査役を特に定めていない場合は，すべての監査役が該当する(計規130条5項)。
【関連用語】特定取締役

特定取締役（とくていとりしまりやく）

会計監査人が行う会計監査報告を受ける取締役等のこと。特定取締役を特に定めていない場合は，監査を受けるべき計算関係書類の作成に関する職務を行った取締役および執行役が該当する(計規130条4項)。

【関連用語】特定監査役，計算書類

監査報告書（かんさほうこくしょ）

監査役，もしくは監査役会は監査の方法およびその内容と結果について報告書を作成する必要があり，これを監査役の監査報告書という。また，会計監査人である公認会計士または監査法人についても，監査の対象，経営者の責任，監査人の責任，監査意見について記載した報告書の作成が求められ，これを独立監査人の監査報告書という。上場審査においては，独立監査人の監査報告書に加えて監査概要書の提出が求められ，形式要件だけでなく，上場申請会社の会計組織や経理規程の整備状況等についても確認されることになる。

【関連用語】監査役の監査報告書，独立監査人の監査報告書，監査概要書

関連当事者・関係会社等

関連当事者（かんれんとうじしゃ）

財務諸表等規則等において定められている会社関係者のことをいい，関連当事者との取引のうち，重要なものについては，有価証券報告書等において開示対象となる。関連当事者の開示に関する会計基準では，関連当事者を以下のとおり定義している。

① 親会社
② 子会社
③ 財務諸表作成会社と同一の親会社をもつ会社
④ 財務諸表作成会社が他の会社の関連会社である場合における当

該他の会社(以下「その他の関係会社」という。)ならびに当該その他の関係会社の親会社および子会社
⑤　関連会社および当該関連会社の子会社
⑥　財務諸表作成会社の主要株主およびその近親者
⑦　財務諸表作成会社の役員およびその近親者
⑧　親会社の役員およびその近親者
⑨　重要な子会社の役員およびその近親者
⑩　⑥から⑨に掲げる者が議決権の過半数を自己の計算において所有している会社およびその子会社
⑪　従業員のための企業年金(企業年金と会社の間で掛金の拠出以外の重要な取引を行う場合に限る。)
【関連用語】その他の関係会社，関連会社，特別利害関係者

関係会社 (かんけいがいしゃ)

財務諸表を提出すべき会社の親会社，子会社および関連会社ならびに財務諸表提出会社が他の会社等の関連会社である場合における当該他の会社等をいう。(財規8条)
【関連用語】親会社，子会社，関連会社，その他の関係会社

その他の関係会社 (そのたのかんけいがいしゃ)

財務諸表提出会社が他の会社等の関連会社である場合における当該他の会社等。財務諸表提出会社は，その他の関係会社の関連会社にあたる。
【関連用語】関連当事者，関係会社，関連会社

関連会社 (かんれんがいしゃ)

会社等および当該会社等の子会社が，出資，人事，資金，技術，取引等の関係を通じて，子会社以外の他の会社等の財務および営業または事業の方針の決定に対して重要な影響を与えることができる場合における当該会社の子会社以外の他の会社等。
【関連用語】関連当事者，関係会社，その他の関係会社，持分法適用会社

持分法適用会社 (もちぶんぽうてきようがいしゃ)

連結財務諸表上，持分法(投資会社が，被投資会社の資本および損益のうち当該投資会社に帰属する部分の変動に応じて，その投資の金額を事業年度ごとに修正する方法)の適用対象となる被投資会社。原則として，非連結子会社，関連会社を指すが，重要性の乏しいものについては，持分法非適用会社とすることも認められている。

【関連用語】関連会社

特別利害関係者 (とくべつりがいかんけいしゃ)

会社の関係者で，企業内容の開示に関する内閣府令および取引所の規則に定める以下の者をいう。
① 上場申請会社の役員(役員持株会を含む)
② 役員の配偶者および2親等内の血族(①・②を「役員等」という)
③ 役員等により発行済株式総数の過半数を所有されている会社
④ 上場申請会社の関係会社及びその役員

【関連用語】特別利害関係者等，関連当事者

特別利害関係者等 (とくべつりがいかんけいしゃとう)

会社の関係者で，企業内容の開示に関する内閣府令および取引所の規則に定める以下の者をいう。
① 特別利害関係者
② 会社の大株主上位10名
③ 会社の「人的関係会社」，「資本的関係会社」ならびにその役員
④ 証券会社ならびにその役員，「人的関係会社」，「資本的関係会社」

【関連用語】特別利害関係者，人的関係会社，資本的関係会社，関係会社

資本的関係会社 (しほんてきかんけいがいしゃ)

当該会社(当該会社の特別利害関係者を含む)が他の会社の総株主等の議決権の100分の20以上を実質的に所有している場合または他の会社(当該他の会社の特別利害関係者を含む)が当該会社の総株主等の議決権の100分の20以上を実質的に所有している場合における当該他の会社。

【関連用語】特別利害関係者等，人的関係会社

人的関係会社（じんてきかんけいがいしゃ）

　人事，資金，取引等の関係を通じて，当該会社が，他の会社を実質的に支配している場合または他の会社により実質的に支配されている場合における当該他の会社。例えば，重要な役員等を派遣し，仕入または販売の大部分が当該会社との取引である場合などが，該当する可能性のあるケースとして考えられる。

【関連用語】特別利害関係者等，資本的関係会社

5
コンプライアンス

　企業によるコンプライアンス違反行為や不誠実な対応が社会的に問題視されれば，企業の業績に重大な影響を与えることになるため，上場審査においては，企業経営の健全性の確保の観点から，事業に関連する法令等の遵守状況が確認されます。また，近年は，コーポレート・ガバナンスの観点からもコンプライアンスに対する注目が集まっています。そこで本章では，上場準備において避けて通れない，対応すべきコンプライアンスに関連する用語を中心に説明します。

全般的事項

コンプライアンス〔compliance〕
　狭義には，法律・政令・省令等の法令を遵守することをいう。広義には，狭義のコンプライアンスに加え，社内規則・ルール等の社内規範や社会規範を遵守すること，さらには社会からの期待を踏まえた経営理念や経営哲学に沿った行動をとることまで含める。
【関連用語】コンプライアンス体制，コンプライアンス委員会

コンプライアンス体制 (こんぷらいあんすたいせい)
　会社による法令等の遵守体制をいう。上場審査においては，企業経営の健全性の確保の観点から，会社のコンプライアンスに対する考え方や事業に関連する法令等諸規制の遵守体制およびその実践状況等が確認される。
【関連用語】コンプライアンス，コンプライアンス委員会

コンプライアンス委員会 (こんぷらいあんすいいんかい)
　企業が自社のコンプライアンス体制を整備するために設置する会議体をいう。コンプライアンスに関する考え方の社員への周知，内部通報等への対応，社員への教育・啓蒙活動等の実施，コンプライアンスに関する問題が発生した場合の対策等を担当する。
【関連用語】コンプライアンス，コンプライアンス体制

法務コンプライアンス

不正競争防止法 (ふせいきょうそうぼうしほう)

事業者間の公正な競争を確保することと国際約束の的確な実施を確保することを直接的な目的とし、これにより、国民経済の健全な発展に寄与することを最終的な目的として制定された法律。事業者間の公正な競争の確保には、事業者の営業上の利益を保護するという私益の面と、公正な競争秩序を維持するという公益の面がある。さらに、不正競争の防止に関する措置として、不正競争に対する差止請求等の民事的な救済措置と特定の不正競争に対する罰則を規定している。

独占禁止法 (どくせんきんしほう)

正式名称は私的独占の禁止および公正取引の確保に関する法律。公正かつ自由な競争を促進し、事業者が自主的な判断で自由に活動できるようにすることを目的とした法律。私的独占、不当な取引制限、不公正な取引方法または規制すべき企業結合が発見された場合には、公正取引委員会により排除措置命令や課徴金納付命令等の処分が下される。また、独占禁止法の特別法として、下請事業者に対する親事業者の不当な取扱いを規制する下請法がある。
【関連用語】下請法、公正取引委員会

下請法 (したうけほう)

下請代金支払遅延等防止法の略称。下請代金の支払遅延等を防止することによって、親事業者の下請事業者に対する取引を公正化するとともに、下請事業者の利益を保護することを目的としている。上場準備においては、自社および業務委託先の資本金を確認し、業務委託内容が下請法の対象か否か判定する必要がある。自社が親事業者に該当する場合には、下請代金の遅延がないか、下請代金の減額がないか、取引条件が明示された書面を交付しているか等について確認が必要と

なる。各業種別の下請適正取引等の推進のためのガイドラインも参考となる。
【関連用語】独占禁止法

公正取引委員会 (こうせいとりひきいいんかい)
独占禁止法(および特別法である下請法)を運用するために、内閣府の外局として設置された機関。委員長と4名の委員で構成されており、他から指揮監督を受けることなく独立して職務を行うことに特色がある。
【関連用語】独占禁止法、下請法

請負 (うけおい)
当事者の一方がある仕事を完成させ相手方がその仕事の結果に対してその報酬を支払うことを約することによって、その効力を生ずる(民632条)行為。したがって、業務請負の場合は請負会社が労働者を指揮命令するものであり、受け入れ会社は請負会社をとおしてしか指示できない。
【関連用語】偽装請負

偽装請負 (ぎそううけおい)
形式上請負という形をとっているが、実質的には受け入れ会社の指揮命令の下で労働者に業務を行わせること。法律上の派遣の定義に当てはまり、請負を偽装した形態である点で違法行為となる。
【関連用語】請負

公益通報者保護法 (こうえきつうほうしゃほごほう)
公益のために内部告発を行った労働者を保護するための法律。労働者が、事業者内部の一定の犯罪行為や最終的に刑罰が規定されるその他の法令違反行為について、①事業者内部、②行政機関、③その他の事業者外部のいずれかに対し、通報先に応じた保護要件を満たした通報を行った場合、公益通報者に対する減給、解雇の無効ならびにその他の不利益な取扱いを禁止するとともに、公益通報を受けた事業者や

行政機関のとるべき措置を定めている。

個人情報保護法 (こじんじょうほうほごほう)

　個人情報の保護に関する法律の略称。個人情報の適正な取扱いに関し，基本理念および政府による基本方針の作成その他の個人情報の保護に関する施策の基本となる事項を定め，個人情報を取り扱う事業者の遵守すべき義務等を定めることにより，個人情報の有用性に配慮しつつ，個人の権利利益を保護することを目的としている。上場準備においては，社内における個人情報の入手経路を確認のうえ，保存・廃棄の流れ，閲覧許可の範囲を確認する必要がある。個人情報保護法における個人情報取扱事業者に該当しない場合でも，情報管理，文書管理に関する規程やマニュアル類を作成し，情報管理担当部署を明確にして，個人情報の管理を徹底することが求められる。

プライバシーマーク 〔privacy mark〕

　個人情報について適切な保護措置を講ずる体制を整備している事業者等に対して，事業活動に際して使用することを認定するマークのことである。日本工業規格「JIS Q 15001 個人情報保護マネジメントシステム―要求事項」に適合していることが必要となる。
【関連用語】個人情報保護法

産業廃棄物処理法 (さんぎょうはいきぶつしょりほう)

　廃棄物の処理および清掃に関する法律の略称。廃棄物の排出の抑制および廃棄物の適正な分別，保管，収集，運搬，再生，処分等の処理ならびに生活環境を清潔にすることにより，生活環境の保全および公衆衛生の向上を図ることを目的としている。上場準備においては，廃棄物の処理を専門業者に委託している場合，処理業者が許可を受けていることを確認する必要がある。そのうえで，マニフェストが適正に発行・回収・保存されているか確認する必要がある。

景品表示法 (けいひんひょうじほう)

　不当景品類および不当表示防止法の略称。商品および役務の取引に

関連する不当な景品類および表示による顧客の誘引を防止するため，一般消費者による自主的かつ合理的な選択を阻害するおそれのある行為の制限および禁止について定めることにより，一般消費者の利益を保護することを目的としている。上場準備においては，自社で使用している広告，パンフレット，インターネット上の表示について，客観的な事実を表示しているか，客観的な実証結果なのかといった観点から，広告等をチェックすることが求められる。自社の広告等が，景品表示法や業界で定められた要件を遵守しているかなど，継続的にチェックする体制を構築することも有効な対策の1つといえる。

労務コンプライアンス

労働基準法 (ろうどうきじゅんほう)
　労働者と使用者が対等な立場で労働条件を決定できるよう，労働条件に関する規制等を定めた法律。労働基準法で規定される労働条件は最低限であり，労働条件の実効性を確保するために就業規則等で独自の制度を設けているところがある。労働基準法に違反した場合，一部の条文には罰則規定が設けられている。
【関連用語】就業規則

ブラック企業 (ぶらっくきぎょう)
　従業員が極端な長時間勤務や心身の過重な負担などの劣悪な労働環境にさらされており，それらを改善しない会社のことをいう。また，反社会的企業等の意味で使用される場合もある。厚生労働省は，労働基準法等への違反が認められた企業について，社名を公表している。
【関連用語】労働基準法

労働契約法 (ろうどうけいやくほう)
　従業員と使用者とで締結する労働契約の基本的事項が規定された法

律。就業形態の多様化，個別労働関係紛争等の増加に対応し，個別の労働者および使用者の関係が良好なものとなるよう法律として施行された。従業員および使用者の合理的な行動による労働条件の決定を促進することを目的としているため，罰則規定は設けられていない。

就業規則（しゅうぎょうきそく）

労働基準法により，常時10人以上の労働者を使用する使用者に作成が義務づけられる従業員の労働条件や服務規律などを規定した規則。作成・変更には従業員代表の意見を聞き，従業員代表の意見書を添付して所轄労働基準監督署へ届け出ることが必要となる。作成は原則として企業単位でなく事業場ごとに行う必要が生じる。就業規則への絶対的記載事項として，労働基準法89条には①始業および終業の時刻，休憩時間，休日，休暇，就業時転換に関する事項，②賃金の決定，計算および支払いの方法，賃金の締め切りおよび支払の時期ならびに昇給に関する事項，③解雇事由を含む退職に関する事項等が規定されている。

【関連用語】労働基準法，労使協定，36協定，労働協約，従業員代表，労働基準監督署

労使協定（ろうしきょうてい）

労働基準法，育児介護休業法，高年齢者雇用安定法等の規定について，従業員と使用者との合意により適用除外とする取り決めをいう。フレックスタイム制や裁量労働制の導入，休日出勤，時間外労働を従業員に行わせる場合には労使協定が必要となる。

労使協定は，労働者の過半数で組織する労働組合が存在する場合は組合と使用者との間で，労働者の過半数で組織する組合が存在しない場合は労働者の過半数を代表する者と使用者との間で締結する。

【関連用語】就業規則，36協定，労働協約，従業員代表

36協定（さぶろくきょうてい）

労働基準法36条に基づく労使協定で，時間外労働に関する取り決めをいう。労働時間が1日8時間，1週間40時間と規定される労働基

準法を超えて労働を行わせる場合には，事前に従業員と使用者との間で取り決めを合意することが必要となる。
【関連用語】労使協定，法定労働時間，みなし裁量労働制

労働協約 (ろうどうきょうやく)

労働組合法に則って締結する労働条件等に関する労働組合と使用者との取り決め。労働条件は従業員と使用者とが締結した労働契約によって規定することが原則であるが，労働組合との間の労働協約が存在する場合，労働協約が優先する。
【関連用語】就業規則，労使協定，36協定，従業員代表

従業員代表 (じゅうぎょういんだいひょう)

労働組合のない事業場において，就業規則および労使協定等を使用者と合意・締結する際に管理監督者以外から選出される者。事業場の過半数の従業員から選任されることが必要であり，選任は立候補，推薦等による候補者の募集，投票・挙手等での決定といった方法によって行われる。
【関連用語】就業規則，労使協定，管理監督者

管理監督者 (かんりかんとくしゃ)

労働基準法において，経営者と一体的な立場にあることから，労働時間，休憩，休日の制限を受けず，残業手当等の支給対象とならない労働者。管理監督者の判断基準としては，厚生労働省の通達において，①労働時間，休憩，休日等に関する規制の枠を超えて活動せざるを得ない重要な職務内容を有していること，②重要な責任と権限を有していること，③現実の勤務態様も労働時間等の規制になじまないような立場にあること，④賃金等についてその地位にふさわしい待遇がなされていることが示されている。
【関連用語】労働基準法，従業員代表，名ばかり管理職

名ばかり管理職 (なばかりかんりしょく)

労働基準法上の管理監督者には該当しないが，会社の職階上で管理

職となっている従業員のことをいう。会社が名ばかり管理職へ管理監督者としての十分な権限を付与していなかったり，十分な報酬を支払っていなかったために，訴訟に発展することもある。厚生労働省は管理監督者の範囲にばらつきがあった小売業や飲食業等に対して，通達「多店舗展開する小売業，飲食業等の店舗における管理監督者の範囲の適正化について」を出し，管理監督者の範囲を明確にしている。
【関連用語】労働基準法，管理監督者

法定労働時間 (ほうていろうどうじかん)

労働基準法で労働時間の限度として規定される労働時間。1日8時間，1週間40時間がその限度となる労働時間であるが，従業員の過半数で組織する労働組合，もしくは，従業員の過半数を代表とする者と書面による36協定を締結し，労働基準監督署への届出を行った場合には，割増賃金を支払うこと，36協定で締結された時間内であることを前提に法定労働時間を超過する労働が認められる。なお，10人未満の事業場であって特定職種(商業，映画演劇業，保険衛生業および接客娯楽業)については1日8時間，1週間44時間を法定労働時間とすることが特例措置として認められている。
【関連用語】労働基準法，36協定，割増賃金，労働基準監督署

割増賃金 (わりましちんぎん)

労働基準法37条の規定により，法定労働時間を超えて就業させた場合，または休日労働をさせた場合に通常の賃金に割増率(25%以上50%以下)を乗じて支払わなければならない賃金のことをいう。いわゆる年俸制やみなし残業手当を支給している場合でも，既定の労働時間を超えた場合には，超過部分に対して別途割増賃金を支払わなければならない。
【関連用語】労働基準法，法定労働時間

みなし裁量労働制 (みなしさいりょうろうどうせい)

実際に勤務従事した労働時間にかかわらず，労使協定等において定めた時間分を勤務従事したものとみなして算定された労働賃金を支払

う仕組み。みなし労働時間が法定労働時間を超える場合には36協定の締結が必要であり，法定労働時間を超えた時間外労働，さらには深夜手当て，休日出勤手当ての支給が必要となる。
【関連用語】労使協定，36協定，法定労働時間

派遣労働 (はけんろうどう)

派遣元事業主に雇用された労働者が，派遣元事業主と派遣契約を締結した企業に派遣され，当該企業の指揮命令に基づき業務従事する労働形態。労働者派遣事業の適正な運営の確保及び派遣労働者の就業条件の整備等に関する法律(いわゆる労働者派遣法)により，派遣労働が可能な業務の範囲，派遣期間・就業条件の明示，派遣元事業者および派遣先企業の各々の責任者の選任が規定されている。

パートタイム

非正規雇用の労働形態のうち，一般的には同一事業所に正規雇用されている労働者よりも1週間の所定労働時間が短い労働形態をいう。正規雇用の労働時間の概ね4分の3以上勤務従事するパートタイム労働者に関しては社会保険に加入させる義務が生じる。

未払い賃金 (みばらいちんぎん)

労働契約や就業規則で規定された賃金について，所定の日までに支払われない賃金をいう。未払い賃金の発生は労働基準法24条に違反する行為となる。未払い賃金が生じた場合，本来支払われる日の翌日からの支払い遅延期間について，商法514条の規定による法定利率年6%の遅延損害金の支払いも必要となる。
【関連用語】就業規則，労働基準法

労働基準監督署 (ろうどうきじゅんかんとくしょ)

主として労働基準法等に規定されている最低労働基準の遵守について，事業者等を監督する機関をいう。ほかにも労働保険料等の徴収，労働保険の適用，労働者災害補償保険の給付および労働災害防止の指導を行っている。

【関連用語】労働基準法，法定労働時間，労働災害

雇止め (やといどめ)

契約社員やパートタイマーといった有期労働契約による労働者を契約期間満了時に契約更新せず，期間満了を理由として有期労働契約を終了させる行為をいう。厚生労働省が定めた「有期労働契約の締結，更新及び雇止めに関する基準」には，①3回以上更新された契約や1年を超えて勤続勤務する労働者の契約を更新しない場合，契約期間満了の30日前までに雇止めの予告を行う必要があること，②雇止めされた労働者がその理由を求めた場合には雇止めの理由を明示することが必要となることが示されている。

解雇 (かいこ)

使用者が雇用契約を解除する行為をいう。労働契約法16条において解雇は客観的に合理的な理由を欠き，社会通念上相当であると認められない場合は，その権利を濫用したものとして，無効とすると規定されており，使用者が解雇を行う場合には正当な理由が必要となる。使用者は，解雇を行う場合において少なくとも30日前にその予告をしなければならない。30日前以降に予告をした場合，使用者は30日に満たない日数分の平均賃金を解雇予告手当として支払わなければならない。
【関連用語】労働契約法

安全衛生管理 (あんぜんえいせいかんり)

労働安全衛生法等により企業に求められる快適な労働環境形成の手法。常時50人以上の労働者を使用する事業場ごとに衛生管理者，産業医を選任し，また安全・衛生委員会を設置することなどが課せられる。近年では，長時間労働や業務の負荷，パワー・ハラスメントなどを理由に精神疾患に罹る労働者や過労死，または自殺をする労働者に対して労働災害が認定されるといったケースが急増しており，労働者の身体の安全配慮のみならず労働者の精神の安全配慮(いわゆるメンタルヘルス)までが会社の義務となってきている。

【関連用語】労働安全衛生法，労働災害，パワー・ハラスメント，セクシャル・ハラスメント

労働安全衛生法 (ろうどうあんぜんえいせいほう)

労働基準法の安全および衛生についての規定を補完し，職場における労働者の安全と健康を確保するとともに，労働災害の防止，快適な職場環境の形成を促進することを目的とした法律。安全管理者，衛生管理者，産業医等の選任義務，定期健康診断の実施，メタボリックシンドロームにおける特定健診，うつ病などに対するメンタルヘルスなどはこの法律がもととなっている。
【関連用語】労働基準法，労働災害

労働災害 (ろうどうさいがい)

労働者の就業に係る建設物，設備，原材料，ガス，蒸気，粉じんなどにより，または作業行動その他業務に起因して，労働者が負傷し，疾病にかかり，または死亡することをいう。略して労災といわれる。労働災害の補償に関しては，労働基準法および労働基準法を補完する位置づけである労働者災害補償保険法において規定されている。
【関連用語】労働安全衛生法，労働基準法

労災 (ろうさい)

→労働災害 [p. 106]

パワー・ハラスメント [power harassment]

同じ職場で働く者に対して，職務上の地位や人間関係などの職場内の優位性を背景に，業務の適正な範囲を超えて，精神的・身体的苦痛を与えるまたは職場環境を悪化させる行為。「パワハラ」と略されることが多い。
【関連用語】安全衛生管理

セクシャル・ハラスメント [sexual harassment]

相手の意に反した性的な言動により相手を不快にさせる行為。「セ

クハラ」と略されることが多い。2007年の男女雇用機会均等法の改正施行により，男性・女性を問わず性的な差別行為がセクシャル・ハラスメントに該当することとなり，企業はセクシャル・ハラスメント対策の強化を求められることとなった。
【関連用語】安全衛生管理

雇用保険法 (こようほけんほう)

生活および雇用の安定を図り労働者の福祉の増進等を図ることを目的として，労働者が失業などした場合の給付を定めた法律。使用者は保険料を労働者とともに負担する。保険料率は年度ごとに見直される。このほか，短時間就労者については，31日以上の雇用見込みの場合に雇用保険の適用がなされる。

健康保険法 (けんこうほけんほう)

国民の生活の安定と福祉の向上に寄与することを目的として，事業所の雇用労働者およびその扶養者を対象とした私傷病に対して保険給付を定めた法律。使用者は保険料を労働者とともに負担する。これに対して，自営業者などを対象とした健康保険に関する法律として国民健康保険法がある。

厚生年金保険法 (こうせいねんきんほけんほう)

労働者およびその遺族の生活の安定と福祉の向上に寄与することを目的として，民間企業で働く労働者を対象として年金等の保険給付を行うことを定めた法律。使用者は保険料を労働者とともに負担する。国民年金の被保険者は，職業・就労形態や保険料の納付方法で3種類（第1号・第2号・第3号被保険者，国民保険法7条1項各号）にわかれているが，厚生年金保険(厚生年金)等の被用者保険に加入している者(第2号被保険者)は，同時に国民年金に加入していることになる。

税務コンプライアンス

過年度決算の修正 (かねんどけっさんのしゅうせい)

　過去に行った決算について修正処理すること。上場準備の過程においては，投資家に適正な判断を促すために，上場申請書類に記載する過去の決算に関して各期の会計処理方法等を上場会社と同等の水準に統一することが求められるため，修正が必要となることが多い。過年度決算の修正にあたっては，臨時株主総会による承認が必要となることもある。

国税庁 (こくぜいちょう)

　内国税の賦課徴収を担当する行政機関。1949年に設置された。内国税の適正かつ公平な賦課および徴収の実現，酒類業の健全な発達および税理士業務の適正な運営の確保を図ることを任務とする。国税庁には，国税庁本庁のほか，全国に11の国税局，沖縄国税事務所，524の税務署が設置されている。

修正申告 (しゅうせいしんこく)

　確定申告書を提出した後に，申告書の税額等に誤りがあり，納める税金が少なすぎた場合や還付される税金が多すぎたことが判明した場合に，正しい税額に修正して申告する手続。修正申告は，税務署から誤りを指摘される場合と，自ら誤りに気づき自主的に行う場合がある。
【関連用語】更正の請求

更正の請求 (こうせいのせいきゅう)

　確定申告書を提出した後に，申告書に書いた税額等に誤りがあり，納める税金が多すぎた場合や還付される税金が少なすぎたことが判明した場合に，正しい税額に訂正することを求める手続き。
【関連用語】修正申告

重加算税 (じゅうかさんぜい)

通常の税金に加えて課せられる附帯税の1つ。税務調査で過去の税務処理について，納税額を少なくするために故意に事実の仮装や隠蔽を行っていると認定された場合に，原則年率35％の税率を課されることとなる。上場準備段階において重加算税が課されると，上場スケジュールの見直しを余儀なくされる場合もある。

印紙税 (いんしぜい)

印紙税法に基づき契約書や領収書，約束手形などの課税文書を作成した場合に課税される国税。契約書，受益証券，領収書などの書類の作成者は，書類の作成日までに一般には収入印紙を貼付して印章または署名で消印することで納税する。納税額は，書類の種類や記載されている金額によって異なっている。書類の作成者が作成日までに納税しなかった場合には，当初納税すべき額の3倍で最低1,000円の過怠税が課せられる。

償却資産税 (しょうきゃくしさんぜい)

固定資産税の一種で，事業者が保有する土地，家屋を除く償却資産について課される地方税。償却資産の減価償却額または減価償却費が法人税法または所得税法の規定による所得の計算上，損金または必要な経費に算入されるものが対象となる。賦課期日(1月1日)現在保有している償却資産について，原則として1月31日までにその資産が所在する市区町村に申告する必要がある。税額は原則として評価額の1.4％となっているが，課税標準額の合計額が150万円未満の場合には課税されない。

知的財産権

知的財産権 (ちてきざいさんけん)

　知的財産に関して法令により定められた権利または法律上保護される利益に係る権利。知的財産権には、特許権(特許法)、実用新案権(実用新案法)、意匠権(意匠法)、商標権(商標法)を総称していう産業財産権と、著作権、商号、ノウハウ(営業秘密・技術的ノウハウを含む)、パブリシティ権、回路配置権、育成者権などがある。

特許権 (とっきょけん)

　特許法により特許を受けた発明を業として排他的独占的に使用できる権利。特許権は、発明を保護するもので、私的独占の禁止および公正取引の確保に関する法律(いわゆる「独禁法」)の例外である。特許権の基礎となる技術は金銭を対価とせず、他の技術の提供により供与されることも多い。特許を取得するには、特許要件(新規性、進歩性、先願性など)を満たしたものを特許庁に出願し、登録される必要がある。保護期間は出願日から20年となっている。

実用新案権 (じつようしんあんけん)

　実用新案法により物品の形状、構造、組み合わせに係る考案を排他的独占的に実施する権利。実用新案権は、物品性を要求されるため、方法も含まれる特許権より対象範囲が狭い。保護期間は出願日から10年となっている。

意匠権 (いしょうけん)

　意匠法により、物品の形状、模様、色彩、これらの結合であって、視覚を通じて美観を起こさせるものを排他的独占的に利用できる権利。意匠権を取得するには、特許庁に出願し、工業上利用できること、新規性を有すること、創作非容易性を有すること等の諸要件を満たす

か否か，審査を受ける必要がある。保護期間は意匠登録日から20年となっている。

商標権 (しょうひょうけん)

　商標法により指定する商品について登録した商標を排他的独占的に使用できる権利。商標権は，創作を保護する特許制度や著作権制度とは異なり，商標を使用する者の業務上の信用の維持をとおして，産業の発展と需要者の利益保護という法目的を有している。保護期間は設定登録の日から10年となっており，更新も可能である。なお，商標権の効力は，日本全国に及ぶが外国には及ばないので，外国で事業を行う場合は，その国での権利を取得することが必要となる。

著作権 (ちょさくけん)

　著作権法により自らの思想・感情を創作的に表現した者に対して認められる，それらの創作物の利用を支配することを目的とする権利。著作物とは，思想または感情を創作的に表現したものであって，文芸，学術，美術または音楽の範囲に属するものとされている。著作権法上保護を受ける著作物は，日本国民の著作物，最初に日本国内で発行された著作物，条約により日本が保護の義務を負う著作物であり，保護期間は原則として公表された日の翌年から50年となっている。

6

内部管理体制

　　上場会社になった場合，利益を獲得しながら株主に対して利益を還元する収益構造を有していることが必要になりますが，継続的に成長して利益を確保していくことができる内部管理体制の整備が必須事項として求められます。さらに，金融商品取引法（金商法）において財務報告に係る内部統制の評価と監査が義務付けられています。そこで本章では，内部管理体制にまつわる全般的事項，利益管理体制，業務管理体制，金商法に関連した内部統制報告制度（J-SOX）に関する事項について説明します。

全般的事項

内部統制システム（ないぶとうせいしすてむ）

会社法362条5項で大会社に基本方針を制定することが求められている，取締役の職務執行が法令や定款に適合することを確保するための体制をいい，取締役会にこのシステムを構築する権限と義務がある。会社法施行規則100条において，①取締役の職務執行に係る情報の保存管理体制，②損失の危険の管理体制，③取締役の職務執行が効率的に行われることを確保する体制，④使用人の職務執行が法令および定款に適合することを確保する体制，⑤会社，その親会社および子会社からなる企業集団における業務の適正を確保する体制，を整備するものとし，加えて監査役設置会社にあっては，⑥監査役の職務を補助すべき使用人の体制，⑦その使用人の取締役からの独立性，⑧取締役および使用人の監査役への報告体制，⑨監査役の監査が実効的に行われることを確保する体制，も整備する必要があるとされている。
【関連用語】内部統制

内部統制（ないぶとうせい）

会社内部に作られた仕組みであり，日々の業務に組み込まれ，社長や役員，従業員など組織構成員の全員によって遂行され，機能するプロセスのことをいう。業務の有効性及び効率性，財務報告の信頼性，事業活動に関わる法令等の遵守並びに資産の保全という4つの目的を達成するために必要となる。
【関連用語】内部統制の4つの目的

内部統制の4つの目的（ないぶとうせいの4つのもくてき）

内部統制が目指している目的であり，具体的には，①業務の有効性及び効率性，②財務報告の信頼性，③事業活動に関わる法令等の遵守，④資産の保全のこと。業務の有効性及び効率性とは，事業活動の目的

の達成のため，業務の有効性および効率性を高めることをいう。財務報告の信頼性とは，財務諸表および財務諸表に重要な影響を及ぼす可能性のある情報の信頼性を確保することをいう。事業活動に関わる法令等の遵守とは，事業活動にかかわる法令その他の規範の遵守を促進することをいう。資産の保全とは，資産の取得，使用および処分が正当な手続および承認の下に行われるよう，資産の保全を図ることをいう。J-SOXでは，これら4つの目的のうち，財務報告の信頼性を確保するための内部統制について経営者による評価を求めている。

【関連用語】内部統制，内部統制の6つの基本的要素，J-SOX，財務報告の信頼性に係る内部統制

内部統制の6つの基本的要素 (ないぶとうせいの6つのきほんてきようそ)

内部統制の4つの目的を達成するために必要とされる内部統制の構成部分をいい，内部統制の有効性の判断の基準である①統制環境，②リスクの評価と対応，③統制活動，④情報と伝達，⑤モニタリング(監視活動)，⑥IT(情報技術)への対応のこと。会社の業務プロセスの中にこれらの要素が組み込まれ，適切に運用されることによって，内部統制は有効に機能する。

【関連用語】内部統制の4つの目的

統制環境 (とうせいかんきょう)

内部統制の目的を達成しようとする会社全体の雰囲気や社風をいい，具体的には経営者の意向や姿勢，倫理観，組織構造や人的資源に対する方針と管理などである。組織の気風を決定し，組織内のすべての者の統制に対する意識に影響を与えるとともに，他の基本的要素の基礎をなす。

【関連用語】内部統制の6つの基本的要素

リスク〔risk〕

組織目標の達成を阻害する要因をいう。具体的には，天災，盗難，市場競争の激化，為替や資源相場の変動といった組織を取り巻く外部的要因と，情報システムの故障・不具合，会計処理の誤謬・不正行為

の発生,個人情報および高度な経営判断にかかわる情報の流失または漏えいといった組織のなかで生ずる内部的要因など,さまざまなものがあげられる。
【関連用語】リスク・マネジメント,リスクの評価と対応,リスクの評価,リスクへの対応

リスクの評価と対応 (りすくのひょうかとたいおう)

組織目標の達成に影響を与える事象について,組織目標の達成を阻害する要因をリスクとして識別,分析および評価し,当該リスクへの適切な対応を行う一連のプロセスをいう。
【関連用語】内部統制の6つの基本的要素,リスク,リスク・マネジメント,リスクの評価,リスクへの対応

リスクの評価 (りすくのひょうか)

リスク・マネジメントに際して行われる,リスク識別・リスク分析・リスク評価のプロセス全体を指す。リスクの評価に際しては,組織の内外で発生するリスクを,組織全体の目標にかかわる全社的なリスクと組織の職能や活動単位の目標にかかわる業務別のリスクに分類し,その性質に応じて,識別されたリスクの大きさ,発生可能性,頻度等を分析し,当該目標への影響を評価する必要がある。
【関連用語】リスク・マネジメント,リスクの評価と対応,リスク,リスクへの対応

リスクへの対応 (りすくへのたいおう)

リスクの評価を受けて,評価されたリスクにつき,回避,低減,移転または受容等,適切な対応を選択し,実施するプロセスを指す。具体的には,戦略変更,事前準備,予行演習,バックアッププラン,付保等,リスクの内容に応じてさまざまなものが考えられる。
【関連用語】リスク・マネジメント,リスクの評価と対応,リスク,リスクの評価

統制活動 (とうせいかつどう)

経営者の命令および指示が適切に実行されることを確保するために

定める方針および手続をいう。具体的には，権限および職責の付与，職務の分掌等の広範な方針および手続が含まれる。
【関連用語】内部統制の６つの基本的要素

情報と伝達 (じょうほうとでんたつ)

必要な情報が識別，把握および処理され，組織内外および関係者相互に正しく伝えられることを確保することをいう。一般に，情報の識別，把握，処理および伝達は，人的および機械化された情報システムを通して行われる。
【関連用語】内部統制の６つの基本的要素

モニタリング〔monitoring〕

内部統制が有効に機能していることを継続的に評価するプロセスをいう。モニタリングにより，内部統制は，常に監視，評価および是正されることになる。モニタリングには，日常的モニタリングおよび業務から独立した視点から実施される独立的評価がある。両者は，個別にまたは組み合わせて行われる場合がある。
【関連用語】内部統制の６つの基本的要素，日常的モニタリング，独立的評価

日常的モニタリング (にちじょうてきもにたりんぐ)

内部統制の有効性を日常的に監視・評価するために，経営管理や業務改善等の通常の業務に組み込まれて行われる一連の活動をいう。
【関連用語】モニタリング，独立的評価

独立的評価 (どくりつてきひょうか)

日常的モニタリングとは別個に，通常の業務から独立した視点で，定期的または随時に行われる内部統制の評価であり，経営者，取締役会，監査役または監査委員会，内部監査等を通じて実施されるものである。
【関連用語】モニタリング，日常的モニタリング

IT への対応 (あいてぃへのたいおう)

　組織目標を達成するためにあらかじめ適切な方針および手続を定め，それを踏まえて，業務の実施において組織の内外の IT に対し適切に対応することをいう。IT への対応は，IT 環境への対応と IT の利用及び統制とからなる。
【関連用語】内部統制の6つの基本的要素，IT 環境，IT の利用及び統制

IT 環境 (あいてぃかんきょう)

　組織が活動するうえで必然的にかかわる内外の IT の利用状況のことであり，社会および市場における IT の浸透度，組織が行う取引等における IT の利用状況や IT に関する外部委託の状況，および組織が選択的に依拠している一連の情報システムの状況等をいう。
【関連用語】IT への対応，IT の利用及び統制

IT の利用及び統制 (あいてぃのりようおよびとうせい)

　組織内において，内部統制の他の基本的要素の有効性を確保するために IT を有効かつ効率的に利用すること，ならびに組織内において業務に組み込まれて利用されている IT に対して，組織目標を達成するために，あらかじめ適切に定められた方針および手続きを踏まえ，内部統制の他の基本的要素をより有効に機能させることをいう。
【関連用語】IT への対応，IT 環境

EUC [End User Computing]

　企業内で，コンピュータシステムを利用して現場で実際に業務を行う者(エンドユーザ)が，自らの必要とする用途に合致するように，システムの構築や運用・管理に積極的に携わること。内部統制上，EUC を手作業の延長と考えるのであれば，出力した結果について適切な検証を行う必要がある。また，システムの一部と考えるのであれば，計算式やマクロなどを定期的に検証することや，ファイル管理に関するルールの策定などが必要となる。

内部統制の限界 (ないぶとうせいのげんかい)

内部統制が適切に整備され，運用されている場合であっても，内部統制自体が固有の限界をもつため有効に機能しなくなることがあり，内部統制の目的を常に完全に達成するものとはならない場合があること。具体的には，判断の誤り，不注意，複数の担当者による共謀によって有効に機能しなくなる場合があることや，当初想定していなかった組織内外の環境の変化や非定型的な取引等には必ずしも対応しない場合があること，内部統制の整備および運用に際しては費用と便益との比較衡量が求められること，経営者が不当な目的のために内部統制を無視ないし無効ならしめることがあること等の限界があげられる。
【関連用語】内部統制

利益管理体制

中期経営計画 (ちゅうきけいえいけいかく)

事業の内容，企業を取り巻く外部および内部の経営環境の分析を踏まえ，企業のビジョンや経営理念に基づく中期目標，およびその目標を達成するための要件となる経営資源の確保，技術や商流の確立等，あるべき姿と現状のギャップを埋めるための具体的な施策について，数値計画を含めて数年にわたりまとめたものをいう。明確な定義はないが，一般的には向こう3年～5年間程度の経営計画をいうことが多い。
【関連用語】予算制度，ローリング方式，SWOT分析

SWOT分析 (すうぉっとぶんせき)

企業の戦略立案を行うにあたって使われる主要な分析手法で，組織の外的環境に潜む機会(O=opportunities)，脅威(T=threats)を検討・考慮したうえで，その組織がもつ強み(S=strengths)と弱み(W=weaknesses)を分析すること。

【関連用語】中期経営計画

ローリング方式 (ろーりんぐほうしき)

中期経営計画の策定方法の1つで，年度ごとに企業環境の変化に応じて中期経営計画の見直しを行う方式をいう。これに対し中期経営計画期間が終了するまで見直しを行わない方式を固定方式という。経営環境，経済環境の変化の大きい情勢を踏まえると，ローリング方式により中期経営計画を策定し，経営も環境に柔軟に対応していくことが望ましいとされている。

【関連用語】中期経営計画

予算制度 (よさんせいど)

中期経営計画に基づいて策定される単年度計画の一部である予算の体系，編成手続，管理方法等の一連の手続きを整備した制度をいう。上場審査では，予算制度に関して，経営管理面から有効に機能しているかという観点のほか，上場後に投資家に信頼性のある業績見通しを開示できる体制が整備されているかという観点からも確認が行われる。広義の意味においては，中期計画も予算制度に含むことがある。予算の体系は企業ごとに異なるが，総合予算である見積貸借対照表，見積損益計算書，見積資金繰り表等を頂点として，それらの構成要素として，損益予算，資金予算，設備予算等がある。構成要素についても必要に応じて細分化され，例えば，損益予算については，売上予算，売上原価予算，経費予算等に細分化される。予算と実績は，一定の期間ごとに比較され，差異が生じている場合には，その内容を分析して，課題や問題点を発見し，対応策の検討が行われる。比較が行われる期間については，企業の実態に応じて適切な期間を設定すべきであるが，一般的には1ヵ月単位で行われることが多い。

【関連用語】中期経営計画

トップダウン〔top down〕

トップダウンとは，組織の上層部が意思決定し，その実行を下部組織に指示する管理方式のこと。上場審査においては，経営計画を策定

する際に，トップダウンとボトムアップの折衷方式が望ましいとされている。
【関連用語】ボトムアップ

ボトムアップ〔bottom up〕

ボトムアップとは，下部組織からの意見を吸い上げて全体をまとめていく管理方式のこと。上場審査においては，経営計画を策定する際に，トップダウンとボトムアップの折衷方式が望ましいとされている。
【関連用語】トップダウン

月次決算 (げつじけっさん)

毎月の業績や経営の状況を数値や計数で捉え，会社全体や各部門の業績を予算と比較して課題や問題点を早期に発見し，対応策を検討するために毎月行われる決算をいう。上場準備会社においては，適時開示対応の観点から翌月10～15日頃までに，月次決算の結果を取締役会に報告できる体制を構築する必要がある。
【関連用語】予算制度

原価計算制度 (げんかけいさんせいど)

財務諸表を作成するにあたり，原価を正確に算定表示するための会計制度をいう。製造業やシステム開発等を事業とする会社においては，特に原価計算が必要になる。原価計算をする場合，貸借対照表に計上される製品や仕掛品残高，損益計算書に計上される当期製品製造原価や売上原価の確定に必要不可欠な原価計算資料を作成しなければならない。
【関連用語】原価管理

業務管理体制

業務管理体制の構築（ぎょうむかんりたいせいのこうちく）

　企業内における個々の業務について，企業の継続性・成長性，企業経営の健全性，内部管理体制の有効性，企業内容の開示の適切性を担保するための体制を整えること。具体的には，個人に依拠せず，組織として経営を支える体制，適切な責任割当と権限委譲による透明性のある体制，法令を遵守し，経営活動を有効に行うための体制，必要な情報を正確かつ適時に収集する体制を整えることである。業務には，例えば，販売管理，購買管理，在庫管理，原価管理，固定資産管理，財務管理，人事労務管理等があげられる。
【関連用語】販売管理，購買管理，在庫管理，原価管理，固定資産管理，財務管理，人事労務管理

販売管理（はんばいかんり）

　商品の販売やサービスの提供等に関する情報を管理すること。具体的には，受注，与信審査，在庫確認，受注承認，出荷，売上計上，請求，代金回収までの業務や情報を管理すること。
【関連用語】受注業務，販売業務，回収業務，与信管理業務

受注業務（じゅちゅうぎょうむ）

　得意先からの注文内容を正確に把握し，製・商品の出庫（あるいは製造指図，工事，役務提供）のために必要な情報を該当部署へ的確に伝達する業務をいう。受注業務のポイントは，受注内容の確定による受注台帳の作成，受注の承認手続，納期管理および受注残高の管理等があげられる。
【関連用語】販売管理

販売業務 (はんばいぎょうむ)

得意先からの注文内容に対応した製・商品を定められた期日までに定められた場所に納入し(あるいは定められた期日までに工事または役務提供を完了し),適時・適切に売上計上を行う業務をいう。販売業務のポイントは,受注内容に応じた納入・出荷・在庫管理を行うこと,適切な売上計上基準の選択適用(出荷基準,検収基準)を行うこと等があげられる。
【関連用語】販売管理

回収業務 (かいしゅうぎょうむ)

販売等の対価として請求すべき金額を適時に得意先に請求し,入金消込を確実に実施し,入金遅れがあれば再請求するとともに,得意先からの入金遅れが会社の売上計上処理誤りや値引き処理漏れ等の場合には,その事実を明らかにし,売上計上処理の修正を行う業務をいう。回収業務のポイントは,適切な請求業務と入金業務との分離,入金消込および入金差異管理,債権管理(年齢調べ表の作成)等を行うことがあげられる。
【関連用語】販売管理

与信管理業務 (よしんかんりぎょうむ)

得意先に対して与信限度額を設定し,限度額を超えないように運用する業務をいう。与信管理業務のポイントは,信用調査の実施,それに基づく与信限度額の設定と運用を行うこと等があげられる。
【関連用語】販売管理

購買管理 (こうばいかんり)

商品の仕入やサービスの受入等に関する情報を管理すること。具体的には,発注先の選定,発注,納品検査,仕入計上,支払までの業務や情報を管理すること。
【関連用語】発注業務,購買業務,支払業務

発注業務 (はっちゅうぎょうむ)

　購買計画などから適切な注文内容を決定し，これを仕入先に正確に伝達し，商品の入庫(あるいは材料の入庫，工事・役務提供に係る予定情報)を該当部署へ的確に伝達する業務をいう。発注業務のポイントは，合理的な購買計画の策定に基づく発注内容の決定，発注手続，納期管理および発注残高の管理を行うこと等があげられる。
【関連用語】購買管理

購買業務 (こうばいぎょうむ)

　仕入先から納品された商品・材料などが，発注内容に合致したものであるかを確認し，適時・適切に仕入計上処理を行う業務をいう。購買業務のポイントは，現品と発注内容の照合，適切な仕入計上基準の選択適用(検収基準等)を行うこと等があげられる。
【関連用語】購買管理

支払業務 (しはらいぎょうむ)

　仕入先から受領した請求書の内容と仕入先元帳とを照合し，仕入計上処理の誤りを発見し，修正を行うとともに支払金額，時期・方法を決定し，実行する業務をいう。支払業務のポイントは，請求書の内容確認，支払条件の決定を行うこと等があげられる。
【関連用語】購買管理

在庫管理 (ざいこかんり)

　適切な在庫水準維持のために在庫計画を立案し，日々の在庫状況を継続記録に基づき管理し，在庫実績と計画との比較から改善案を講じるようにすることをいう。また，長期滞留品・不良品の発生の防止，実地棚卸の実施も含まれる。

原価管理 (げんかかんり)

　製・商品を生産するためのコストに関する情報を管理することをいう。1962(昭和37)年11月に政府の諮問機関である企業会計審議会が公表した原価計算基準において「原価の標準を設定してこれを指示し，

原価の実際の発生額を計算記録し，これを標準と比較して，その差異の原因を分析し，これに関する資料を経営管理者に報告し，原価能率を増進する措置を講ずることをいう」と定義されている。
【関連用語】原価計算制度

財務管理 (ざいむかんり)

財務を経営管理の側面から体系化したもので，企業の資金調達・資金運用に関する情報を管理することをいう。具体的には，現金管理，預金管理，借入金管理，有価証券管理，資金繰り表の作成等の企業の資金面の業務や情報を管理すること。
【関連用語】資金管理

固定資産管理 (こていしさんかんり)

土地，建物，機械装置等の固定資産に関する情報を管理することをいう。具体的には，設備投資計画，発注先の選定，発注，検収，固定資産計上および支払，維持管理，処分，実地棚卸等の業務や情報を管理すること。

資金管理 (しきんかんり)

→財務管理［p.125］

人事労務管理 (じんじろうむかんり)

企業の経営資本の人・物・金の３要素のうち人(労働力)に関する情報を管理することをいう。労働力の効率的な使用のための人事管理と，労働者と経営者の利害対立の調整のための労務管理の２つに大別される。人事管理は具体的には，雇用管理，作業管理，時間管理，賃金管理，安全・衛生管理，教育訓練等の業務や情報を管理すること。労務管理は具体的には，労使関係管理，労働安全衛生管理等の業務や情報を管理すること。

内部統制報告制度

内部統制報告制度 (ないぶとうせいほうこくせいど)
→ J-SOX [p.126]

J-SOX (じぇいそっくす)
　財務報告の信頼性を確保するために，企業の内部統制の充実を図るべきとの視点から，金融商品取引法等において規定された内部統制の評価・報告制度のこと。J-SOX は米国の SOX 法の日本版という意味の通称であり，金融庁などの正式文書では「(金融商品取引法が規定する)内部統制報告制度」と呼ばれている。
【関連用語】内部統制報告制度，SOX 法，財務報告の信頼性に係る内部統制，内部統制監査報告書

SOX 法 (そっくすほう)
　2002 年 7 月に制定された米国の企業改革法のこと。起案者の名前からサーベンス・オクスレー法(Sarbanes-OXley Act)，略して SOX 法と呼ばれる。エンロンやワールドコムの金融スキャンダルへの反省から，私的や不正の取引・運営を駆逐することを目的とし，企業による内部統制の確立を図り，部外者による監査と，監査機関それ自体の監視まで行い，適正な情報開示を行わせる。
【関連用語】J-SOX

財務報告の信頼性に係る内部統制 (ざいむほうこくのしんらいせいにかかるないぶとうせい)
　内部統制の 4 つの目的のうち，金融商品取引法に規定する内部統制報告制度が対象としている財務報告の信頼性すなわち，財務諸表および財務諸表に重要な影響を及ぼす可能性のある情報の信頼性を確保することを目的とした内部統制のこと。

【関連用語】内部統制報告制度, J-SOX, 内部統制の4つの目的

内部統制の構築 (ないぶとうせいのこうちく)
　内部統制の4つの目的を達成するために, 内部統制に関する基本的計画および方針の決定を行い, 内部統制の整備状況を把握するとともに, 把握された不備への対応および是正を図っていくプロセスのこと。
【関連用語】内部統制の4つの目的, 内部統制の整備状況の評価

内部統制の整備状況の評価 (ないぶとうせいのせいびじょうきょうのひょうか)
　内部統制が規程や方針等に従って適切に運用された場合に, 財務報告の重要な虚偽記載が発生するリスクを十分に低減できるようにデザインされているかどうか, また, 内部統制が会社に存在しているかどうかを評価することをいう。
【関連用語】内部統制の運用状況の評価

内部統制の運用状況の評価 (ないぶとうせいのうんようじょうきょうのひょうか)
　整備された内部統制に関して, 企業内で適切に運用されているかを判断するために行う評価のこと。具体的には, 関連文書の閲覧, 当該内部統制に関係する適切な担当者への質問, 業務の観察, 内部統制の実施記録の検証, 各現場における内部統制の運用状況に関する自己点検の状況の検討等により, 内部統制の運用状況を確認する。
【関連用語】内部統制の整備状況の評価

内部統制監査 (ないぶとうせいかんさ)
　金融商品取引法に基づき, 財務報告の信頼性に係る内部統制の有効性を評価するための監査であり, 企業の財務諸表監査を行っている監査法人, 公認会計士により行われる監査のこと。
【関連用語】監査法人, 内部統制監査報告書

内部統制監査報告書 (ないぶとうせいかんさほうこくしょ)
　2008年4月より導入された内部統制報告制度に基づき作成される内部統制報告書に対する監査人の意見を記載した報告書のこと。

内部統制報告制度では，経営者が作成する内部統制報告書を監査人が内部統制の評価の基準(統制環境，リスクの評価と対応，統制活動等)に準拠して適正に表示しているかどうかを監査(内部統制監査)し，その意見を内部統制監査報告書により報告する。

内部統制監査報告書は原則として財務諸表監査報告書とあわせ1つの監査報告書として作成され，「無限定適正意見」「不適正意見」「限定付適正意見」「意見不表明」のいずれかの意見が表明される。

【関連用語】内部統制報告書，内部統制監査，J-SOX

全社的な内部統制 (ぜんしゃてきなないぶとうせい)

企業のさまざまな組織や事業，業務プロセス等に広く影響を及ぼし，企業全体を対象とする内部統制をいい，基本的には企業集団全体を対象とする。具体的には，経営方針や経営戦略，経営者の姿勢や倫理観，組織構造，人事政策，リスクマネジメントやコンプライアンスに対する体制等があり，個々の業務プロセスに係る内部統制が有効に整備・運用されることを確保するための基盤となる。

【関連用語】業務プロセスに係る内部統制

決算財務報告プロセスに係る内部統制 (けっさんざいむほうこくぷろせすにかかるないぶとうせい)

主として経理部門が担当する月次の合計残高試算表の作成，個別財務諸表，連結財務諸表を含む，外部報告用の有価証券報告書を作成する一連の過程に係る内部統制をいう。全社的な観点で評価する内部統制と個々の重要な勘定科目に関係する個々の内部統制から構成される。財務報告の信頼性の確保という内部統制報告制度の目的と密接に関係する。

【関連用語】全社的な内部統制，業務プロセスに係る内部統制

業務プロセスに係る内部統制 (ぎょうむぷろせすにかかるないぶとうせい)

全社的な内部統制の評価を行ったうえで，その結果を踏まえて，販売業務や購買業務等の業務プロセスに組み込まれ一体となって遂行される内部統制のこと。

【関連用語】全社的な内部統制

内部統制の不備（ないぶとうせいのふび）

　内部統制が存在しない，または規定されている内部統制では内部統制の目的を十分に果たすことができない等の整備上の不備と，整備段階で意図したように内部統制が運用されていない，または運用上の誤りが多い，あるいは内部統制を実施する者が統制内容や目的を正しく理解していない等の運用の不備をいう。内部統制の不備は，単独で，または複数合わさって，一般に公正妥当と認められる企業会計の基準や財務報告を規制する法令等に準拠して取引を記録，処理および報告することを阻害し，結果として開示すべき重要な不備となる可能性がある。
【関連用語】開示すべき重要な不備

開示すべき重要な不備（かいじすべきじゅうようなふび）

　財務報告に重要な影響を及ぼす可能性が高い内部統制の不備のこと。具体的には，内部統制の不備のうち，一定の金額を上回る虚偽記載，または質的に重要な虚偽記載をもたらす可能性が高いものをいう。経営者が認識した内部統制の不備が開示すべき重要な不備に該当するか否かを判断する際には，金額的な面および質的な面の双方について検討を行う必要がある。

不正（ふせい）

　不当な利益を得るための意図的な行為のこと。財務諸表における不正とは，財務諸表の意図的な虚偽の表示であって，不当または違法な利益を得るために他社を欺く行為を含み，経営者，取締役等，監査役等，従業員または第三者による意図的な行為をいう。
【関連用語】誤謬

誤謬（ごびゅう）

　財務諸表の意図的でない虚偽の表示のこと。具体的には，財務諸表の基礎となるデータの収集または処理上の誤り，事実の見落としや誤

解から生ずる会計上の見積もりの誤り，認識・測定・分類・表示または開示に関する会計基準の適用の誤りなどの金額または開示の脱漏を含む。
【関連用語】不正

フローチャート〔flow chart〕

業務の各プロセスや手続を分析，理解するための流れ図または流れ作業図のこと。代表的な形式として，産能大方式，NOMA方式がある。内部統制報告制度において基本的に作成が必要とされる文書3点セットである「フローチャート」「RCM（リスクコントロール・マトリクス）」「業務記述書」の1つ。
【関連用語】業務記述書，リスクコントロール・マトリクス

業務記述書 (ぎょうむきじゅつしょ)

業務プロセスを構成する個々の手続きの流れを詳細に説明した文書のこと。内部統制報告制度において基本的に作成が必要とされる文書3点セットである「フローチャート」「RCM（リスクコントロール・マトリクス）」「業務記述書」の1つ。フローチャート，RCMとは密接な関係にあり，フローチャートに示した業務フローや，RCMに記載されたコントロールについて，より詳細な手続きの流れを文章で説明するもの。作業の概要や職務分掌（業務ごとの権限や責任範囲を明確に定義したもの），担当者と承認者，証憑（エビデンス）などを記載し，業務内容を客観的に把握できるようにしたもの。業務記述書を作成することによって業務の責任と遂行範囲が明確になり，業務に対する正しい情報の把握などを推進することができる。J-SOXにおいては，財務報告に影響のない手続きは文書化の対象外となっている。
【関連用語】フローチャート，リスクコントロール・マトリクス

リスクコントロール・マトリクス〔Risk Control Matrix〕

業務プロセスに潜む不正・ミスが発生し得るリスクと，それに対応するコントロール（リスクに対処するためにとった策）の関連を整理した表（マトリクス）のこと。内部統制の6つの基本的要素のうち「リスク

の評価と対応」に関係が深く，内部統制を実施するうえでリスクとコントロールの対応関係を整理・検討・評価するために作成され，その最大の目的はリスクの可視化である。主な記載内容は，リスクの内容，そのリスクによって影響を受ける決算書の科目，そのリスクに関連するアサーション（適切な財務諸表を作成するための要件），リスクの大きさ，そのリスクに対応するコントロール，社内チェックなどがあげられる。内部統制報告制度において基本的に作成が必要とされる文書3点セットである「フローチャート」「RCM（リスクコントロール・マトリクス）」「業務記述書」の1つ。
【関連用語】フローチャート，業務記述書，リスクの評価と対応

RCM〔Risk Control Matrix〕
→リスクコントロール・マトリクス〔p. 130〕

IT 全般統制 （あいてぃぜんぱんとうせい）
IT 業務処理統制が，意図したとおりに整備され，継続的に運用されることを支援するための仕組みおよび活動をいう。具体的には，プログラムの開発管理および変更管理，コンピュータの運用管理，プログラムとデータの情報セキュリティ管理およびこれら手続きに係るモニタリング手続，外部委託管理手続等があげられる。システムは一貫した処理を反復継続するため，これら IT 全般統制が有効であれば，アプリケーションシステムの提供する統制である IT 業務処理統制の有効性が継続すると考えられている。
【関連用語】IT 業務処理統制

IT 業務処理統制 （あいてぃぎょうむしょりとうせい）
情報の正確性，網羅性，適時性，正当性等の達成のためにアプリケーションシステムに組み込まれた自動処理機能，チェック機能，作表機能およびこれらに基づいた人手による内部統制の総称をいう。
【関連用語】IT 全般統制

7
ディスクロージャー

　新規上場する際や上場会社になった場合，さまざまな会社情報を開示する必要が生じます。会社が投資判断に必要な情報を適時適切に開示しなければ，投資家は合理的な投資判断をすることができないからです。そこで本章では，株主債権者保護を目的とした会社法および投資家保護を目的とした金融商品取引法に基づくディスクロージャー制度を中心に，適時開示，業績予想の修正，インサイダー，IRなどについても説明します。

全般的事項

ディスクロージャー〔disclosure〕
　企業の事業内容や財務内容等に関する情報が一般に開示されるよう義務づけた企業内容開示制度のこと。法定開示には，金融商品取引法と会社法に基づく開示制度があり，具体的には金融商品取引法に基づく有価証券届出書の提出や目論見書の交付等の発行開示と有価証券報告書の提出等の継続開示，会社法に基づく株主総会参考書類や公告等がある。上場審査においては，適時および適切にディスクロージャーに対応することができる体制が整備されているかどうかが確認される。
【関連用語】発行開示，継続開示，有価証券届出書，目論見書，有価証券報告書，公告

法定開示（ほうていかいじ）
　→ディスクロージャー［p.134］

直接開示（ちょくせつかいじ）
　企業内容開示制度において，株主等に対して情報を直接知らしめることを義務づけられている開示。具体的には，会社法に基づく株主総会参考書類や金融商品取引法に基づく目論見書，議決権代理行使の勧誘時の開示等がある。
【関連用語】間接開示

間接開示（かんせつかいじ）
　企業内容開示制度において，一定の場所への情報保管等の方法で，広く一般の投資家等に対して開示すること。間接開示においては，会社をはじめ，金融庁・金融商品取引所・日本証券業協会等に直接出向くか，官報，日刊紙，インターネットでの会社のホームページや開示

サービス(EDINET)を利用することで必要な情報を入手することができる。間接開示が義務づけられている書類として、具体的には、会社法に基づく公告や金融商品取引法に基づく有価証券届出書、有価証券報告書、四半期報告書、臨時報告書等があげられる。
【関連用語】直接開示

決算スケジュール (けっさんすけじゅーる)
　企業が会社法、金融商品取引法に基づき、決算日から株主総会開催および有価証券報告書提出までに行う一連の決算作業に係るスケジュールのこと。主なイベントは、決算短信作成、計算書類作成、監査役による監査報告、取締役会による決算承認、株主総会招集通知発送、株主総会開催、有価証券報告書作成などがあげられる。

決算説明会 (けっさんせつめいかい)
　四半期決算や本決算の概況、次期の業績見通し等を報告・発表することを主な目的とする説明会のことをいう。機関投資家やアナリスト、銀行関係者等を対象に決算発表直後のタイムリーな時期に決算短信や決算補足説明資料等のツールを使用して行う。
【関連用語】証券アナリスト、機関投資家、決算短信、四半期決算短信、決算補足説明資料

会社説明会 (かいしゃせつめいかい)
　基本的な事業内容や経営戦略、中期的業績の展望等を説明することを主な目的とする説明会のことをいう。決算説明会と同様に機関投資家やアナリスト、銀行関係者等を対象に行うが、上場前あるいはオファリング中であれば有価証券届出書に記載の範囲において、上場以降も既に開示・公表を行っている範囲において行う制約がある。
【関連用語】証券アナリスト、機関投資家、アニュアルレポート

公衆縦覧 (こうしゅうじゅうらん)
　社会一般に公開すること。開示書類を事業所等の窓口に備え置いたり、インターネット上の会社のホームページに掲載することで、閲覧

要請に対応できるようにすること。

縦覧期間 (じゅうらんきかん)

開示資料を公衆の縦覧に供しておかなければならない期間のこと。金融商品取引法 25 条において各開示書類の縦覧期間は以下のとおり規定されている。

① 有価証券届出書(参照方式を除く)およびその添付書類ならびにこれらの訂正届出書：5 年
② 参照方式の有価証券届出書およびその添付書類ならびにこれらの訂正届出書：1 年
③ 発行登録書およびその添付書類，発行登録追補書類およびその添付書類ならびにこれらの訂正発行登録書：発行登録が効力を失うまでの期間
④ 有価証券報告書およびその添付書類ならびにこれらの訂正報告書：5 年
⑤ 有価証券報告書の記載内容に係る確認書およびその訂正確認書：5 年
⑥ 内部統制報告書およびその添付書類ならびにこれらの訂正報告書：5 年
⑦ 四半期報告書およびその訂正報告書：3 年
⑧ 半期報告書およびその訂正報告書：3 年
⑨ 四半期報告書および半期報告書の記載内容に係る確認書およびその訂正確認書：3 年
⑩ 臨時報告書およびその訂正報告書：1 年
⑪ 自己株券買付状況報告書およびその訂正報告書：1 年
⑫ 親会社等状況報告書およびその訂正報告書：5 年

【関連用語】公衆縦覧

XBRL 〔eXtensible Business Reporting Language〕

各種財務報告用の情報を作成・流通・利用できるように標準化された XML ベースの言語。XBRL の仕様(XBRL Specification)は，金融，会計，監査に関係する各種企業・団体がメンバーとなっている XBRL

Internationalによって設定されている。企業,監督機関,証券取引所,アナリスト,投資家などが,正確度の高い財務情報をタイムリー・スピーディーに把握できるようになることから,証券市場における機能の向上とともに,提出会社にも作成書類のチェック機能向上などメリットを与えることが期待される。なお,金融庁,証券取引所に提出する財務書類については,XBRLでの作成が義務づけられている。
【関連用語】電子開示,EDINET

会社法による開示

会社法（かいしゃほう）

会社の設立・解散,組織,運営,資金調達,管理などについて定めた法律。現代の経済情勢の変化に対応し,旧商法第2編,有限会社法,商法特例法を統合,再編成する形で制定され,2006年5月施行。

招集通知（しょうしゅうつうち）

株主総会を開催するにあたり株主へ発送する書類。狭義には,株主総会の日次,場所,目的事項等が記載された書類をいい,広義には,狭義の招集通知に加えて事業報告,計算書類,監査報告(会計監査人・監査役会),株主総会参考書類(議案の内容)等の株主総会参考書類をまとめたものをいう。
【関連用語】株主総会参考書類

公告（こうこく）

一定の事項を認められた方法により知らせること。株式会社は,各種法令により各種の情報を公告することが義務づけられている。すべての株式会社には決算公告が義務づけられており,定時株主総会の終結後遅滞なく,貸借対照表(大会社にあっては,貸借対照表および損益計算書)を公告しなければならない。ただし,EDINETなどにより有価

証券報告書が公開されている会社は，決算公告が免除されている(会440条)。公告の方法には，官報，日刊新聞，電子公告(ホームページ)の方法があり，従前は官報あるいは日刊新聞紙によることが一般的であったが，会社法ではインターネットを媒体とした電子公告も可能としていることから(会939条)，上場前に定款変更を行い，電子公告とする旨を記載することが一般的である。
【関連用語】電子公告

計算書類 (けいさんしょるい)

　会社法の規定により作成が求められている決算書類。貸借対照表，損益計算書，株主資本等変動計算書および個別注記表により構成され，定時株主総会において承認を受ける。ただし，会計監査人設置会社においては，取締役会の承認を受けた計算書類が法令および定款に従い株式会社の財産および損益の状況を正しく表示しているものとして会計監査人による適正意見を付した監査報告を受け，かつ監査役(監査役会，監査委員会)の監査報告で会計監査人の監査の方法または結果を相当であると認めている場合，定時株主総会において当該計算書類の内容を報告することで足りる(会439条)。
【関連用語】連結計算書類，事業報告，株主総会参考書類

事業報告 (じぎょうほうこく)

　会社法に基づき，株式会社に作成することが求められている一事業年度に係る報告書。計算書類が財務情報をまとめたものであるのに対して，非財務情報を取りまとめたもの。「会社の状況に関する重要な事項」，「業務の適正性を確保するための体制整備についての決定または決議があるときは，その決定又は決議の内容の概要」など，記載すべき内容については会社法施行規則に定められている。
【関連用語】株主総会参考書類

連結計算書類 (れんけつけいさんしょるい)

　会社法の規定により作成が求められている連結ベースの決算書類。連結貸借対照表，連結損益計算書，連結株主資本等変動計算書および

連結注記表から構成される(計規61条)。大会社かつ有価証券報告書提出会社で連結子会社がある場合は、連結計算書類を作成しなければならない(会444条3項)。連結計算書類も計算書類同様、定時株主総会に提出・提供し、その内容および監査の結果を報告しなければならない(会444条7項)。
【関連用語】計算書類、株主総会参考書類

附属明細書 (ふぞくめいさいしょ)
　会社法の規定により作成が求められる、各事業年度の計算書類および事業報告の内容を補足する詳細事項を記載した書類のこと(会435条)。計算書類や事業報告と同様、監査役による監査を必要とする。
【関連用語】計算書類の附属明細書、事業報告の附属明細書

計算書類の附属明細書 (けいさんしょるいのふぞくめいさいしょ)
　会社法の規定により作成が求められる、計算書類の内容を補足する詳細事項を記載した書類のこと。具体的な記載事項として有形固定資産および無形固定資産の明細、引当金の明細、販売費および一般管理費の明細等がある。会計監査人設置会社において、計算書類の附属明細書は監査役による監査に加え会計監査人による監査を必要とする。
【関連用語】計算書類、附属明細書

事業報告の附属明細書 (じぎょうほうこくのふぞくめいさいしょ)
　会社法の規定により作成が求められる、事業報告の内容を補足する詳細事項を記載した書類のこと。株式会社が公開会社でない場合は、具体的に記載事項は定められていないが、公開会社の場合は、他の法人等の業務執行取締役等を兼ねることが重要な兼職に該当する会社役員(会計参与を除く)についての当該兼職の状況の明細を記載することが求められている(会規128条)。この場合において、当該他の法人等の事業が当該株式会社の事業と同一の部類のものであるときは、その旨を付記しなければならない。
【関連用語】事業報告、附属明細書

Web 開示 (うぇぶかいじ)

　株式会社が定款に定めることにより，株主総会招集通知とともに株主総会参考書類の一部，事業報告，個別注記表および連結計算書類をホームページに掲載し，そのホームページのアドレスを株主に通知することにより，それらの事項が株主に提供されたものとみなされる制度のこと(会規94条，133条，計規133条，134条)。招集通知を発したときから開示を開始し，株主総会の日から3ヵ月を経過する日まで継続して開示しなければならない。
【関連用語】株主総会参考書類

電子公告 (でんしこうこく)

　公告方法のうち，インターネット上のホームページに掲載する方法によって行うこと(会2条34号)。会社が行う公告を電子公告の方法によって行うためには，定款にその旨を定めておく必要がある。
【関連用語】公告

金商法による開示

金融商品取引法 (きんゆうしょうひんとりひきほう)

　金融・資本市場をとりまく環境の変化に対応し，利用者保護ルールの徹底と利用者利便の向上，「貯蓄から投資」に向けての市場機能の確保および金融・資本市場の国際化への対応を図ることを目指し，制定された法律。それまで，証券取引法，金融先物取引法など金融商品ごとに設けられていた諸法律を改正・統合して，1つの法律で横断的に規制できるようにした。企業内容開示，業者規制，取引所運営等について規定している。

財務諸表等規則 (ざいむしょひょうとうきそく)

　正式には財務諸表等の用語,様式及び作成方法に関する規則といい,

金融商品取引法の規定により提出される財務諸表を作成するにあたって，その記載方法を詳細に定めた内閣府令としての効力を有する規則のことをいう。具体的には，貸借対照表，損益計算書，株主資本等変動計算書，キャッシュ・フロー計算書などの各種財務諸表における項目の分類，配列方法，区分表示および注記の内容などが定められている。金融商品取引法の適用を受ける上場会社が財務諸表を作成する際に従うべき規則として定められているが，上場会社以外でも，金融機関が融資する条件として決算書を作成する場合などは財務諸表等規則に従った作成が求められる場合がある。

連結財務諸表規則 (れんけつざいむしょひょうきそく)

正式には連結財務諸表の用語，様式及び作成方法に関する規則といい，1976年10月の大蔵省令として制定され，その後，改正を行ってきている。具体的には，定義，連結決算日，連結の範囲，連結貸借対照表の記載方法，連結損益計算書の記載方法，連結剰余金計算書，連結キャッシュ・フロー計算書，連結附属明細表等について規定してあり，連結財務諸表を作成したり解釈するうえで重要な規則である。

有価証券通知書 (ゆうかしょうけんつうちしょ)

新たに有価証券の募集または売出しを行うときに，発行者が財務局を通じて内閣総理大臣に提出する書類(金商4条6項)。有価証券報告書非開示会社においては発行価額または売出価額の総額が1千万円超1億円未満の有価証券の募集または売出しを行う場合に提出が義務づけられる。有価証券通知書は開示書類ではないことから公衆の縦覧には供されない。
【関連用語】有価証券届出書

発行開示 (はっこうかいじ)

有価証券の募集または売出しに際して，投資者が自己判断により有価証券の売買を行う際に必要な情報を開示する制度。有価証券届出書の提出や投資家への目論見書交付等が義務づけられている。
【関連用語】継続開示

継続開示 (けいぞくかいじ)

　流通市場で取引されている有価証券の公正・円滑な流通の確保，投資判断の提供による投資者の保護に資するために，発行会社がその事業内容や財務状況等を定期的または臨時的に開示する制度。有価証券報告書，四半期報告書，半期報告書，大量保有報告書，臨時報告書が該当する。
【関連用語】発行開示

有価証券届出書 (ゆうかしょうけんとどけでしょ)

　有価証券の募集または売出しの届出を行う場合に，発行者が財務局を通じて内閣総理大臣に提出する書類(金商5条)。原則として，発行価額または売出価額の総額が1億円以上の有価証券の募集または売出しを行う場合に提出が義務づけられる。

　有価証券の条件や企業の経理状況・事業内容などを記載し，情報開示を行う。構成は，上場時の募集または売出しに際して提出する有価証届出書の場合，証券情報・企業情報・特別情報・株式公開情報の四部構成となっており，証券情報を除きⅠの部と記載要領が概ね同様である。また株式上場の手続きにおいては，目論見書と連動するので注意が必要である。
【関連用語】Ⅰの部，目論見書，訂正届出書，有価証券報告書

訂正届出書 (ていせいとどけでしょ)

　有価証券届出書を提出後，募集価格など記載内容を訂正，変更する場合に提出する書類。有価証券の発行価格の決定前に募集をする必要がある場合など，有価証券届出書においてこれら未決定事項を記載せずに提出することができるため，有価証券届出書の提出後，訂正届出書を提出することが多い。
【関連用語】有価証券届出書

目論見書 (もくろみしょ)

　有価証券の募集または売出しを行う際に，当該有価証券の発行者の事業その他の事項に関する説明を記載する文書で，投資家に交付し，

または投資家からの交付の請求があった場合に交付するもの(金商 2 条 10 項)。発行者,有価証券の売出しをする者,引受人,金融商品取引業者,登録金融機関または金融商品仲介業者は,届出を必要とする有価証券またはすでに開示された有価証券を募集または売出しにより取得させ,または売り付ける場合には,あらかじめまたは同時に交付しなければならない(金商 15 条 2 項)。

目論見書の構成は,有価証券届出書とほとんど同じだが,第三部の特別情報(監査対象期間以外の 3 年分の財務数値)がない(開示府令 12 条 1 号のニ)。募集活動を進めていくなかで,ブックビルディングなどにより,募集株数や価額などの条件が確定した都度,および目論見書の記載内容を変更,訂正する場合には訂正目論見書を交付する。おおむね 2 回程度交付するのが一般的である。

【関連用語】有価証券届出書,訂正目論見書

訂正目論見書 (ていせいもくろみしょ)

有価証券の募集または売出しにあたって,その取得の申込を勧誘する際等に投資家に交付する文書で,当該有価証券の発行者や発行する有価証券などの内容を説明したものであり,新株発行ならびに株式売出届出目論見書(募集売出しを両方行う場合)を略した用語。目論見書は株式の発行決議を行った際に財務局に提出される有価証券届出書とほぼ同じ内容であり,発行者名,事業内容,資本構成,財務諸表,手取金の使途などの発行者に関する情報,発行総額,発行価格,払込日などの発行する有価証券に関する情報,および引受人名,引受額,手数料などの引受に関する情報が記載されている。また,目論見書作成時点で確定していなかった仮条件,発行価格等の募集に関する事項が確定した場合や記載が誤っていた事項を訂正する場合には,訂正目論見書(新株発行ならびに株式売出届出目論見書の訂正事項分)を作成し交付することとなる。通常新規上場の場合は,仮条件決定時と発行価格決定時に訂正目論見書をそれぞれ作成する。

【関連用語】目論見書

発行登録書 (はっこうとうろくしょ)

　有価証券の募集または売出しを予定している当該有価証券の発行者で，一定の条件を満たす者が，当該募集または売出しを予定している有価証券の発行価額または売出価額の総額(以下，発行予定額)が1億円以上の場合に作成，提出を求められる書類をいう。具体的には，当該募集または売出しを予定している期間(以下，発行予定期間)，当該有価証券の種類および発行予定額または発行もしくは売出しの限度額，当該有価証券について引受けを予定する金融商品取引業者または登録金融機関のうち主たるものの名称その他の事項で公益または投資者保護のため必要かつ適当なものとして内閣府令で定めるものを記載する。

【関連用語】発行登録制度

発行登録制度 (はっこうとうろくせいど)

　発行会社が，有価証券の募集または売出しを機動的に実施できるようにするための制度。1988年の証券取引法の改正で創設された。具体的には，一定の適格要件(1年間以上継続開示，上場企業であること，一定額以上の株券の売買金額・時価総額，指定格付の取得など)を満たしている発行会社が，あらかじめ一定期間内(1年または2年)に予定する有価証券の募集または売出しについて，発行登録書を内閣大臣に提出していれば，その有価証券の募集または売出しの届出手続きの代わりに，発行条件等のみを記載した簡略な発行登録追補書類を提出することで，募集または売出しを行うことが可能となる。

【関連用語】発行登録書，発行登録追補書類

発行登録追補書類 (はっこうとうろくついほしょるい)

　発行登録によりあらかじめその募集または売出しが登録されている有価証券について，当該発行登録がその効力を生じており，かつ，当該有価証券の募集または売出しごとにその発行価額または売出価額の総額，発行条件または売出条件その他の事項で公益または投資者保護のため必要かつ適当なものとして内閣府令で定めるものを記載した書類をいう。

【関連用語】発行登録制度

有価証券報告書 (ゆうかしょうけんほうこくしょ)

金融商品取引所に上場されている有価証券の発行者等が毎事業年度終了後3ヵ月以内に財務局を通じて内閣総理大臣への提出を義務づけられている書類。会社の商号、会社の属する企業集団および会社の経理の状況その他事業の内容に関する重要な事項などを記載する(金商24条1項)。
【関連用語】EDINET

四半期報告書 (しはんきほうこくしょ)

有価証券報告書を提出しなければならない会社のうち上場会社等が、その事業年度の期間を3ヵ月ごとに区分した各期間(四半期)ごとに、当該各期間(第4四半期を除く)経過後45日以内に財務局を通じて内閣総理大臣への提出を義務づけられている書類。当該会社の属する企業集団の経理の状況その他の公益または投資家保護のため必要かつ適当な事項を記載する(金商24条の4の7)。
【関連用語】EDINET

大量保有報告書 (たいりょうほゆうほうこくしょ)

上場会社の株券等について、新たに発行済株式総数の5%超を取得した場合、また、その後1%以上の増減等(保有割合以外の事項(商号や住所、担保契約等)の変更および共同保有者における同様の変更の場合を含む)が生じた場合、当該保有者が、5営業日以内に財務局を通じて内閣総理大臣に提出する報告書および変更報告書(金商27条の23、27条の25)。大量保有報告書の開示制度は、一般には5%ルールと呼ばれている。株式上場時に5%超の株式を保有する大株主は、この5%ルールの対象となる。
【関連用語】5%ルール

5% ルール (ごぱーせんとるーる)

→大量保有報告書 [p.145]

確認書 (かくにんしょ)

　上場会社等が有価証券報告書や四半期報告書，半期報告書等を提出する場合，有価証券報告書とあわせて内閣総理大臣に提出することが義務づけられる書類。提出会社の代表者が有価証券報告書等に記載された事項が適正であると確認し，その旨を記載する（金商24条の4の2）。
【関連用語】有価証券報告書

臨時報告書 (りんじほうこくしょ)

　金融商品取引法で規定されている会社の重要事項に係る決定事実または発生事実が発生した場合に作成する開示書類。有価証券報告書を提出しなければならない会社が，金融商品取引法24条の5に基づき，その発行する有価証券の募集または売出しが外国において行われるとき，その他公益または投資者保護のため必要かつ適当なものとして，内閣府令（開示府令19条）で定める場合に該当することになったとき，遅滞なく内閣総理大臣への提出をすることが義務づけられている。

主要株主の異動 (しゅようかぶぬしのいどう)

　主要株主（一般に大口の株主のことをいい，金融商品取引法で規定される，自己または他人（仮設人を含む）の名義をもって発行済株式の総数の100分の10以上（10%以上）の株式を保有する株主に異動があった場合のことをいう。異動が発生した場合には，上場企業等において，速やかな適時開示（重要な会社情報の開示）が義務づけられているほか，臨時報告書の提出が必要となる。
【関連用語】主要株主

有価証券報告書の添付書類 (ゆうかしょうけんほうこくしょのてんぷしょるい)

　内国会社が有価証券報告書を提出する際，公益または投資者保護のために添付しなければならない書類のこと。具体的には，定款や当該事業年度に係る計算書類，事業報告で定時株主総会に報告した（または承認を受けた）もの等があげられる（金商24条6項，開示府令17条1項，会438条1項）。
【関連用語】有価証券報告書

訂正報告書(ていせいほうこくしょ)

有価証券報告書等を提出する会社が以下の事項に該当した場合，内閣総理大臣宛に提出する書類のこと。
① 記載すべき重要な事項の変更がある場合
② その他公益または投資者保護のため当該書類の内容を訂正する必要があるものとして，以下に掲げる事情がある場合
③ 当該書類に記載すべき重要な事実で，書類提出時にはその内容を記載することができなかったものにつき，記載することができる状態になった場合
④ 記載すべき事項に関し重要な事実が発生した場合
⑤ 有価証券届出書に記載しなかったものにつき，その内容が決定した場合(金商24条の2第1項，同7条，開示府令11条等)

1株当たり当期純利益(ひとかぶあたりとうきじゅんりえき)

当期純利益を期中平均発行済株式数で除した数値のこと。
【関連用語】EPS

EPS〔Earnings Per Share〕
→1株当たり当期純利益 [p.147]

潜在株式調整後1株当たり当期純利益(せんざいかぶしきちょうせいご1かぶあたりとうきじゅんりえき)

潜在株式が希薄化効果を有する場合，普通株式に係る当期純利益に当期純利益調整額を加えた合計金額を，普通株式の期中平均株式数に普通株式増加数を加えた合計株式数で除して算定される数値をいう。当該数値は，希薄化効果を有する際に，財務諸表注記事項として記載する必要がある。
【関連用語】潜在株式

1株当たり純資産額(ひとかぶあたりじゅんしさんがく)

期末純資産額を期末株式数で除した数値のこと。
【関連用語】BPS

BPS〔Book-value Per Share〕
　→1株当たり純資産額［p. 147］

自己資本比率（じこしほんひりつ）
　安全性分析で用いられる経営指標の1つで，総資本(＝他人資本＋自己資本)に対する自己資本の比率のこと。自己資本は返済期限がなく資金繰りの面で他人資本と比べて安全であることから，自己資本比率が高いほど財務の安全性が高い。

自己資本利益率（じこしほんりえきりつ）〔Return on Equity：ROE〕
　収益性分析で用いられる経営指標の1つで，自己資本の期首期末平均値に対する当期純利益の比率のこと。企業に投下された株主資本が，利益獲得にどれだけ効率的に利用されているかを示す。
【関連用語】ROE

ROE〔Return On Equity〕
　→自己資本利益率［p. 148］

総資産利益率（そうしさんりえきりつ）
　収益性分析で用いられる経営指標の1つで，総資産の期首期末平均値に対する当期純利益の比率のこと。企業に投下された総資本が，利益獲得にどれだけ効率的に利用されているかを示す。
【関連用語】ROA

ROA〔Return On Assets〕
　→総資産利益率［p. 148］

株価収益率（かぶかしゅうえきりつ）
　→PER［p. 53］

株価純資産倍率（かぶかじゅんしさんばいりつ）
　株価を判断する指標の1つで，株価を1株当たり純資産額で割った

指標をいう。成熟企業の評価に際して注目されることが多い。
【関連用語】PBR

PBR〔Price Book-value Ratio〕
　→株価純資産倍率［p.148］

株主資本配当率 (かぶぬししほんはいとうりつ)
　株主還元の水準を判断する指標の1つで，株主資本に対する配当総額の比率のこと。企業に投下された株主資本が配当としてどれだけ還元されているかを示す。
【関連用語】DOE

DOE〔Dividend On Equity〕
　→株主資本配当率［p.149］

株主資本利益率 (かぶぬししほんりえきりつ)
　→自己資本利益率［p.148］

配当性向 (はいとうせいこう)
　株主還元の水準を判断する指標の1つで，当期純利益に対する配当総額の比率のこと。企業が事業活動により獲得した当期純利益が配当としてどれだけ還元されているかを示す。

EDINET (えでぃねっと)〔Electronic Disclosure for Investors' NETwork〕
　金融商品取引法に基づく有価証券報告書等の開示書類に関する電子開示システムのこと。金融商品取引法に基づく開示書類の提出，受理，審査および公衆縦覧の一連の手続きは，EDINETを通して行うことが原則義務化されている。

電子開示 (でんしかいじ)
　→EDINET［p.149］

適時開示

適時開示（てきじかいじ）

　上場会社が，投資家の投資判断に重要な影響を及ぼす情報を適時適切に開示すること。金融商品取引法に基づく法定開示制度（有価証券届出書，有価証券報告書，四半期報告書など）と，金融商品取引所における適時開示制度が併存しており，適時開示制度は，金融商品取引所の規則により，重要な会社情報を上場会社から投資者に提供するために設けられているものであり，投資者に対して，報道機関等を通じてあるいは直接に，広く，かつ，タイムリーに伝達するという特徴がある。

TDnet〔Timely Disclosure network〕

　適時開示情報伝達システムのこと。全国の上場会社等の適時開示情報を一元的に集め，投資家をはじめとした利用者に対しリアルタイムで配信するシステム。パソコンやインターネットの普及など，情報通信手段の飛躍的な発達を背景に，より公平・迅速かつ広範な適時開示を実現するために，上場会社が行う適時開示に関する一連のプロセスである取引所への事前説明（開示内容の説明），報道機関への開示（記者クラブや報道機関の本社の端末への開示資料の伝送），ファイリング（開示資料のデータベース化），公衆縦覧（開示資料の適時開示情報閲覧サービスへの掲載）を総合的に電子化することを企図し構築された。
【関連用語】適時開示

兜倶楽部（かぶとくらぶ）

　東京証券取引所ビルの地下1階にある記者クラブ。株式相場や企業財務を担当する記者の取材拠点。上場会社の総務・経理・広報担当者はTDnetでの開示に加えて，兜倶楽部にある投函ボックス（資料を投げ込む棚）に決算短信等の資料を配布し，各メディアに対して情報伝達を行う。発表内容等によっては，企業の判断により，資料投函後に記

者会見を行うこともある。兜倶楽部に重点的に記者を配置しているのは経済専門のメディアが多い。
【関連用語】TDnet

自己株券買付状況報告書 (じこかぶけんかいつけじょうきょうほうこくしょ)

　上場会社が自己の株式の取得の決議を行った場合に，内閣総理大臣に提出しなければならない自己株式取得に関する報告書のこと。金融商品取引法24条の6では，「当該決議があった株主総会または取締役会の終結した日の属する月から，株主総会等で決議した自己株式を取得することができる期間の満了する日の属する月までの各月ごとに，各報告月中に行った自己の株式に係る上場株券等の買付けの状況(買付けを行わなかつた場合を含む)に関する事項その他の公益又は投資者保護のため必要かつ適当なものとして内閣府令で定める事項を記載した報告書を，各報告月の翌月15日までに提出しなければならない。」と規定されている。

親会社等状況報告書 (おやがいしゃとうじょうきょうほうこくしょ)

　上場会社に親会社等が存在し，その親会社等が有価証券報告書提出会社でない場合，当該親会社等に義務づけられている開示資料のこと。上場会社に親会社等がある場合，その親会社等が上場企業の経営に重要な影響を及ぼす可能性があるため開示が求められており，親会社等の事業年度終了後3ヵ月以内に，以下の事項を記載した報告書を提出しなければならない。
　① 提出会社(親会社等)の株式の所有者別状況
　② 大株主の状況
　③ 役員の状況
　④ 会社法の規定に基づく計算書類等(監査報告書を添付)
親会社等の定義は以下のとおりである。
　① 提出子会社の総株主数等の議決権の過半数を自己または他人の名義をもって所有する会社等
　② 会社とその会社が総株主等の議決権の過半数を自己または他人の名義をもって所有する場合のその会社等(金商24条の7)

特定子会社 (とくていこがいしゃ)

金融商品取引法において，以下①〜③のいずれかに該当する子会社をいう。

① 親会社の最近事業年度に対応する期間において，その子会社の当該親会社に対する売上高の総額または仕入高の総額が，当該親会社の仕入高の総額または売上高の総額の 10% 以上である

② 親会社の最近事業年度の末日において，その子会社の純資産額が，当該親会社の純資産額の 30% 以上に相当する(ただし，当該親会社の負債の総額が資産の総額以上である場合を除く)

③ その子会社の資本金の額または出資の額が，当該親会社の資本金の額の 10% 以上に相当する

なお，上場企業において特定子会社の異動があった場合，親会社である上場企業は，臨時報告書を提出する必要がある。

【関連用語】臨時報告書

業績予想の修正 (ぎょうせきよそうのしゅうせい)

上場会社が単体・連結の売上高・営業利益，経常利益または当期利益について，公表した直近の予想数値に比較して，新たに算出した予想数値が一定の基準を超える場合に，業績予想の修正を行うこと。売上高では当初予想数値から 10% 以上の差異が見込まれる場合，利益(営業利益・経常利益・当期純利益)では当初予想数値から 30% 以上の差異が見込まれる場合には，修正の開示が必要となる。

配当予想の修正 (はいとうよそうのしゅうせい)

上場会社が剰余金の配当について，公表した直近の予想数値に比較して，新たに算出した予想数値に差異が生じた場合に，当初発表した配当予想の修正を行うこと。軽微基準がないため，期初に予想数値を算出していない場合であって予想数値を算出した場合，予想数値を修正した場合には必ず開示が必要となる。

決算短信 (けっさんたんしん)

上場会社が金融商品取引所の定める適時開示規則に基づき，決算発

表を行う際に，決算内容の要点をまとめた書類のこと。決算短信は，遅くとも決算期末後45日(45日目が休日である場合は，翌営業日)以内に開示することが必要であり，決算期末後30日以内(期末が月末である場合は，翌月内)での開示がより望ましいものとされている。
【関連用語】四半期決算短信

四半期決算短信 (しはんきけっさんたんしん)

株式を証券取引所に上場している企業が，証券取引所の適時開示ルールに則り，四半期決算発表時に作成・提出する，共通形式の四半期決算速報のこと。四半期決算短信は証券取引所の自主規制に基づく開示であるのに対し，四半期報告書は金融商品取引法の法定開示である。四半期決算短信は，上場会社の貸借対照表・損益計算書をはじめとした決算情報が最も早く開示される資料であり，決算情報が投資判断上最も重要な会社情報の1つであるため，投資者・マスメディアからの注目度が高い。
【関連用語】決算短信

決算補足説明資料 (けっさんほそくせつめいしりょう)

上場会社が，通期決算・四半期決算の内容について，決算説明などで投資者へ情報提供を努めることが義務づけられており，その際に作成する資料をいう。

支配株主等に関する事項 (しはいかぶぬしとうにかんするじこう)

取引所の適時開示制度において，支配株主等を有する上場会社に開示することが義務づけられている情報のこと。親会社，支配株主(親会社を除く)またはその他の関係会社を有する上場会社は，事業年度経過後3ヵ月以内に，支配株主等に関する事項を開示することが義務づけられている。

なお，「支配株主」とは，次の①②のいずれかに該当する者をいう。
① 親会社(財務諸表等規則8条3項に規定する親会社をいう)
② 主要株主(金融商品取引法163条1項に規定する主要株主をいう)
  で，当該主要株主が自己の計算において所有している議決権と，

次に掲げる者が所有している議決権とをあわせて、上場会社の議決権の過半数を占めている者(①を除く)
・当該主要株主の近親者(2親等内の親族をいう)
・当該主要株主および当該主要株主の近親者が、議決権の過半数を自己の計算において所有している会社等(会社、指定法人、組合その他これらに準ずる企業体(外国におけるこれらに相当するものを含む)をいう)および当該会社等の子会社

投資単位の引下げに関する方針等(とうしたんいのひきさげにかんするほうしんとう)

　上場会社は、株式の投資単位が5万円以上50万円未満となるよう、当該水準への移行およびその維持に努めることが金融商品取引所から求められているが、上場企業が発行する株式の投資単位が50万円以上である場合、事業年度経過後3ヵ月以内に投資単位の引下げに関して開示しなければならないとされている方針のこと。(東証有価証券上場規程409条)

配当政策(はいとうせいさく)

　企業が株主に対する利益還元の1つである配当金の支払いに関して、内部留保とのバランスを考慮しながら決定する方針のこと。

配当利回り(はいとうりまわり)

　株価に対する年間配当金の割合を示す指標であり、1株当たりの年間配当金を現在の株価で除した数値のこと。

事業等のリスク(じぎょうとうのりすく)

　投資者の判断に重要な影響を及ぼす可能性のある事項のこと。有価証券届出書や有価証券報告書等において、投資家に対して開示する必要がある。会社グループが採っている特異な経営方針に係るもの、財政状態、経営成績およびキャッシュ・フローの状況の異常な変動に係るもの、特有の法的規制等に係るもの、役員・従業員・大株主・関係会社等に関する重要事項に係るものなどについて記載する。

リスク・マネジメント〔risk management〕

　組織目標の達成を阻害する要因であるリスクをコントロールすることを意識した経営をいう。リスク・マネジメントには，さまざまな手法があるが，リスクを認識し，そのリスクが顕在化した場合の影響額を検討し，発生可能性と影響額に応じた対策を行うという点は共通している。識別されたリスクのうち，投資家に対して開示すべきリスクについては，有価証券届出書や有価証券報告書等の書類で開示する必要がある。
【関連用語】SWOT 分析，事業等のリスク

金商法による行為規制

インサイダー取引（いんさいだーとりひき）
　→内部者取引［p. 155］

内部者取引（ないぶしゃとりひき）
　上場会社等の会社関係者（会社関係者でなくなった後1年以内の者を含む）が，当該上場会社等の業務等に関する重要事実をその業務等に関し知ったうえで，その重要事実の公表前に当該上場会社の株券等を売買すること。いわゆるインサイダー取引。このような取引が行われると，一般の投資家との不公平が生じ，証券市場の公正性・健全性が損なわれるおそれがあるため，金融商品取引法166条において規制されている。
【関連用語】会社関係者，重要事実，インサイダー取引

会社関係者（かいしゃかんけいしゃ）
　内部者取引規制における，規制対象者。具体的には①上場会社・親会社・子会社の役職員，②帳簿閲覧権者（総議決権3%以上の大株主），③監督官庁の公務員等，法令に基づく権限を有する者，④取引先・顧

問弁護士・監査人・元引受証券会社等，契約締結者または締結交渉中の者，⑤②④が法人である場合の役職員，をいう。また，会社関係者でなくなってから1年以内の者(元会社関係者)や，会社関係者・元会社関係者から重要事実の伝達を受けた者(情報受領者)も，会社関係者同様の規制を受ける(金商166条1項，3項)。
【関連用語】内部者取引，重要事実

重要事実 (じゅうようじじつ)

上場会社等の運営，業務または財産に関する事実であって，投資者の投資判断や株価動向に重要な影響を与える可能性のある事実のこと(金商166条2項)。決定事実，発生事実，決算数値の予想値の修正，その他に分けられる。上場会社は，重要事実の適切な管理と速やかな公表が求められる。
【関連用語】内部者取引，決定事実，発生事実，決算数値の予想値の修正，重要事実の公表

決定事実 (けっていじじつ)

重要事実のうち，取締役会等の業務執行機関による決定に基づくもの。株式・新株予約権の募集，資本金の額の減少，資本準備金または利益準備金の額の減少，自己株式の取得，株式分割，剰余金の配当，合併等が該当する。
【関連用語】重要事実

発生事実 (はっせいじじつ)

重要事実のうち，上場会社の意志とは関係なく発生したもの。災害に起因する損害または業務遂行の過程で生じた損害，主要株主の異動，上場の廃止等の原因となる事実等が該当する。
【関連用語】重要事実

決算数値の予想値の修正 (けっさんすうちのよそうちのしゅうせい)

重要事実のうち，公表している直近の業績予想と新たに算出した予想または当該事業年度の決算数値との差異が，一定割合を超える場合

に行う業績予想の修正のこと。一定割合の差異とは，売上高は予想数値の上下10%以上の増減，利益は上下30%以上の増減，配当は上下20%以上の増減が見込まれる場合には，金融商品取引法および取引所開示規則により修正が義務づけられる。実務上は，修正が義務づけられる水準とならない場合も，四半期決算短信の公表等とあわせて修正が行われることが多い。
【関連用語】重要事実

重要事実の公表 (じゅうようじじつのこうひょう)

　金融商品取引法166条4項および金融商品取引法施行令30条に定める重要事実公表の方法。具体的な方法として，重要事実が2以上の報道機関に公開され12時間が経過すること，上場先の証券取引所等に重要事実を通知し当該証券取引所等のHP(適時開示情報システム，TDnet)への掲載，重要事実の記載された有価証券届出書等の公衆縦覧がある。これらによる公表前の取引がインサイダー取引規制の対象となる。

　速報性に優れているのが，証券取引所が運営する適時開示情報伝達システム(TDnet)であり，そこに情報が掲載されれば，公衆の縦覧に供され公表されたことになる。
【関連用語】内部者取引，重要事実，TDnet

12時間ルール (じゅうにじかんるーる)

　重要事実が公表されたといえるための条件として，2以上の報道機関への公開と，12時間の周知期間がある。これを12時間ルールと呼ぶ。公表後，投資家への情報伝達には一定の時間がかかると考えられるため，このような周知期間が設けられている。
【関連用語】重要事実の公表

風説の流布 (ふうせつのるふ)

　有価証券などの価格や相場を変動させることを目的として，虚偽の情報を流すこと。風説の流布は金融商品取引法158条で禁じられており，違反者は，懲役もしくは罰金を科される。

課徴金制度 (かちょうきんせいど)

　証券市場への信頼を害する違法行為に対して，金融庁が行政上の措置として違反者に対して金銭的負担を課す制度。これにより，インサイダー取引，相場操縦，風説の流布または偽計といった不公正取引や，有価証券届出書や有価証券報告書の不提出・虚偽記載等の開示業務違反，大量保有報告書等の不提出・虚偽記載等があれば，法定の額(あるいは法定の算式をもとに算出された額)を課徴金として納付する旨の命令が決定されることとなる。

その他

改善報告書 (かいぜんほうこくしょ)

　会社情報の適時開示について，金融商品取引所が定める規定に違反した場合や企業行動規範に関する規則に違反した場合等，適切な適時開示がなされず，改善の必要性が高いと認められるときに金融商品取引所が企業に対して提出を求める報告書のこと。上場会社が当該改善報告書を提出した場合，提出から6ヵ月経過後速やかに，改善措置の実施状況および運用状況を記載した改善状況報告書の提出が求められる。改善報告書を提出しない場合や改善される見込みがないと認められた場合は上場廃止となる。

取引所規則の遵守に関する確認書 (とりひきじょきそくのじゅんしゅにかんするかくにんしょ)

　株式等を上場する会社等の代表者が提出を義務づけられる書類のことであり，下記内容につき確認を求められるものである。
① 取引所が現に制定しているおよび将来制定または改正することのある業務規程，有価証券上場規程，その他の規則およびこれらの取扱いに関する規定(諸規則等)のうち，当社および上場される当社の株券(上場株券)に適用のあるすべての規定を遵守すること。

② 諸規則等に基づいて,取引所が行う上場株券に対する上場廃止,売買停止その他の措置に従うこと。

アニュアルレポート〔Annual Report〕

上場企業が事業年度終了後に株主・投資家・金融機関に対して作成・公表する財務諸表等の企業情報を記載した報告書のこと。記載内容は,会社ごとにさまざまであるが,財務諸表のほかに,会社概要,経営者の考え方,経営ビジョンや経営戦略等が記載されており,経営内容の総合的な報告書といえる。昨今は,自社のホームページに掲載し,インターネットでも閲覧できるようにしている企業も多い。

CSR報告書 (しーえすあーるほうこくしょ)

→ CSR報告書〔p.3〕

IR〔Investors Relations〕

企業が株主や投資家に対し,投資判断に必要な投資情報を適時,公平,継続的に提供する活動をいう。法定開示や適時開示とは異なり,企業が自主的に行う投資家向けの広報活動である。IRは,企業の証券が公正な価値評価を受けることを最終目標とし,企業と金融コミュニティやその他のステークホルダーとの間に最も効果的な双方的コミュニケーションを実現するため,財務活動やコミュニケーション,マーケティング,コンプライアンス活動を統合した幅広い情報発信となる。上場審査においては,法定開示および適時開示だけではなく,IRに対する取り組み方針についても確認される。
【関連用語】法定開示,適時開示

インベスター・リレーションズ

→ IR〔p.159〕

株懇 (かぶこん)

株式に関する法律と実務の調査・研究,情報交換・交流を行っている会員組織のこと。法務省,法律学者,金融商品取引所,日本経済団

体連合会，弁護士等とも活発な交流を行っており，会社法改正等の立法面における意見交換やパブリックコメントの提出，各種株式実務の標準実務や書式の提言等を行っている。会員は主に上場企業によって構成され，全国12ヵ所(札幌，新潟，東京，富山，石川，名古屋，京都，大阪，神戸，広島，山口，福岡)に株懇・株研が存在し，これらの全国組織は全国株懇連合会(全株懇)と呼ばれている。

8

監査法人の役割

　上場準備会社からみた監査法人の主な役割としては，証券取引所における上場審査基準で求められる会計監査を実施することと共に上場後の継続的な監査の実施があります。それに加えて，上場前に行われる各種調査やアドバイザリー業務として，監査実施以前に決算書(財務諸表等)の作成に関する指導・助言，そして社内管理体制の整備に関する指導・助言などがあげられます。そこで本章では，監査法人の役割に関連する実務用語を全般的事項および契約前，直前々期，直前期，申請期の時系列に分類した上で説明します。

全般的事項

監査法人
→監査法人 [p.6]

公認会計士 (こうにんかいけいし) 〔Certified Public Accountant：CPA〕
　国家資格者であり，会計および監査の専門家として，他人の求めに応じ報酬を得て，財務書類の監査または証明をすることを主な業務とする。IPO のためには，財務諸表等について上場会社監査事務所による監査を受けることおよび当該監査が監査法人または複数の公認会計士による共同監査によることが求められている。上場会社監査事務所とは，上場会社を監査し，日本公認会計士協会の上場会社監査事務所登録制度に基づき，上場会社監査事務所として登録されている監査事務所のことをいい，日本公認会計士協会による品質管理レビューを通じ，一定の水準を超えた監査の品質管理体制が整備・運用されている監査事務所とされる。
【関連用語】監査契約，監査法人，日本公認会計士協会

CPA (しーぴーえー)
→公認会計士 [p.162]

公認会計士法 (こうにんかいけいしほう)
　公的な資格としての公認会計士制度を定める法律。公認会計士の使命，職務，監査法人や日本公認会計士協会などの制度や役割，罰則規定などを定めている。
【関連用語】公認会計士，監査法人，日本公認会計士協会

監査意見
→監査意見 [p.22]

無限定適正意見 (むげんていてきせいいけん)

　監査人による財務諸表監査等の結果として表明される監査意見の1つであり，経営者の作成した財務諸表が，一般に公正妥当と認められる企業会計の基準に準拠して，企業の財政状態，経営成績およびキャッシュ・フローの状況をすべての重要な点において適正に表示していると認められると判断した場合に表明する意見のことをいう。
【関連用語】監査意見，独立監査人の監査報告書

限定付適正意見 (げんていつきてきせいいけん)

　監査人による財務諸表監査等の結果として表明される監査意見の1つであり，一部の会計処理手続きや表示方法に関して不適切なものがあり，または重要な監査手続を実施することができなかったことにより無限定適正意見を表明することができない場合において，その影響が財務諸表を全体として虚偽の表示に当たるとするほどではない，または意見表明ができないほどではないと判断した場合に表明する意見のことをいう。
【関連用語】監査意見，独立監査人の監査報告書

不適正意見 (ふてきせいいけん)

　監査人による財務諸表監査等の結果として表明される監査意見の1つであり，会計処理手続きや表示方法に関して不適切なものがあり，その影響が財務諸表全体として虚偽の表示に当たるとするほどに重要であると判断した場合に表明する意見のことをいう。
【関連用語】監査意見，独立監査人の監査報告書

意見不表明 (いけんふひょうめい)

　監査人による財務諸表監査等の結果として表明される監査意見の1つであり，重要な監査手続を実施できなかったことにより，その影響が財務諸表全体に対する意見表明ができないほどに重要であると判断した場合に意見を表明しないことをいう。
【関連用語】監査意見，独立監査人の監査報告書

レビュー〔review〕

公認会計士または監査法人が行う,質問および分析的手続を基本とした業務。財務諸表等に対する公認会計士または監査法人による業務は主に3種類あり,監査,レビュー,合意された手続に区分される。四半期報告制度における四半期レビューなどがこれに該当し,監査と比較すると保証水準は低く,限定的な保証である。

【関連用語】会計監査,四半期報告書,四半期レビュー,合意された手続

合意された手続 (ごういされたてつづき)

公認会計士または監査法人が業務依頼者の依頼に基づき,業務依頼者および実施結果利用者との間で合意した手続を実施し,実施した結果の事実のみを報告することを目的とした業務のことをいう。合意された手続は,結論の報告や保証の提供などは行わないため,財務諸表監査など,公認会計士または監査法人が自ら入手した証拠に基づいて判断した結果を結論として表明する保証業務とは異なる。

【関連用語】会計監査,レビュー

AUP〔Agreed Upon Procedures〕

→合意された手続〔p.164〕

独立監査人の監査報告書 (どくりつかんさにんのかんさほうこくしょ)

経営者の作成した財務諸表について,一般に公正妥当と認められる企業会計の基準に準拠して,企業の財政状態,経営成績およびキャッシュ・フローの状況をすべての重要な点において適正に表示しているかどうかについて監査人が独立的な立場から結論を述べた報告書である。株式上場に際しては,直近2事業年度(直前々期および直前期)の監査報告書が申請期に必要となる。

【関連用語】監査報告書,独立監査人

二重責任の原則 (にじゅうせきにんのげんそく)

経営者の責任である財務諸表の作成責任と監査人の責任である監査意見の表明責任を区別すること。経営者には一般に公正妥当と認めら

れる企業会計の基準に準拠して，適正な財務諸表を作成する責任があり，これには不正または誤謬による重要な虚偽表示のない財務諸表を作成し適正に表示するために経営者が必要と判断した内部統制を整備および運用することが含まれる。一方，監査人には経営者の作成した財務諸表が企業会計の基準に準拠して，企業の財政状態，経営成績およびキャッシュ・フローの状況をすべての重要な点において適正に表示しているかどうかについて意見を表明する責任がある。
【関連用語】公認会計士，監査法人

追記情報 (ついきじょうほう)

監査人が財務諸表の記載について強調する必要がある，または説明を付す必要があると判断し，監査報告書に情報として追記した事項のことをいう。
【関連用語】独立監査人の監査報告書

指定有限責任社員 (していゆうげんせきにんしゃいん)

有限責任監査法人において，監査証明業務を担当する社員として，当該監査法人から指定を受けた社員のことをいう。企業活動の多様化，複雑化，国際化や監査業務の複雑化，高度化を背景として2007年に公認会計士法が改正され，有限責任監査法人制度が設けられた。有限責任監査法人は，その行うすべての証明について，各証明ごとに1人または数人の業務を担当する社員を指定しなければならない。指定有限責任社員がその証明に関して無限連帯責任を負い，指定有限責任社員以外の社員は，監査法人に対する出資の価額を限度としてその弁済の責任を負うこととなる。
【関連用語】監査法人，業務執行社員

業務執行社員 (ぎょうむしっこうしゃいん)

業務を執行する権限および責任をもつ社員のことをいう。有限責任監査法人においては，すべての監査証明業務について，個々の業務を担当する業務執行社員が指定される。
【関連用語】指定有限責任社員，監査責任者

独立監査人 (どくりつかんさにん)

精神的独立性と外観的独立性を備えた監査人をいう。監査人は監査業務を受嘱または実施するに際して独立した立場を保持し、依頼人または関与先との関係において法令に規定する利害関係を有してはならず、また、独立性の保持に疑いをもたれるような関係や外観を呈しないように留意しなければならない。

【関連用語】独立性，独立監査人の監査報告書

監査責任者 (かんさせきにんしゃ)

監査業務を実施する監査チームのうち、監査報告書にサインをする公認会計士のことをいう。主査からの報告等に基づき、財務諸表等が最終的に適正かどうかを検討して、監査チームとしての意見を形成し、監査報告書にサインをする。

【関連用語】業務執行社員，主査，監査意見，独立監査人の監査報告書

監査補助者 (かんさほじょしゃ)

監査業務を実施する監査チームのうち、監査報告書にサインをする監査責任者以外のメンバーのことをいう。必ずしも公認会計士の資格を有する必要はない。

【関連用語】監査責任者

主査 (しゅさ)

監査業務を実施する監査チームのうち、他の監査補助者が実施した業務の査閲を行うとともに、助言や意見の取りまとめを行う現場責任者のことをいう。実施した監査手続の結果をまとめて相互の関連性や整合性をみながら、全体としての正しさを検討し、監査責任者(業務執行社員)に報告をする。

【関連用語】業務執行社員，監査責任者

独立性 (どくりつせい)

監査人の独立性には、精神的独立性と外観的独立性がある。外観的独立性は精神的独立性を担保するため、また外部利害関係者に対して

身分的・経済的に独立性が保持されていることを示すために必要とされる。監査基準において監査人は監査を行うにあたって、常に公正不偏の態度を保持し(精神的独立性)、独立の立場を損なう利害や独立の立場に疑いを招く外観を有してはならない(外観的独立性)とされ、精神的にも、また外観的にも被監査会社等からの独立性が求められている。
【関連用語】独立監査人

直前々期 (ちょくぜんぜんき)
　直前期の前事業年度をいう。
【関連用語】直前期, 申請期

直前期 (ちょくぜんき)
　申請期の前事業年度をいう。
【関連用語】直前々期, 申請期

申請期 (しんせいき)
　株式上場を申請する事業年度をいう。
【関連用語】直前々期, 直前期

契約前

予備調査 (よびちょうさ)
　監査法人が株式上場を目指す会社等に対して、金融商品取引法に準ずる監査契約の締結に先立って IPO に向けた課題の洗い出しと改善の方向づけを目的として行う調査をいう。数週間〜1ヵ月程度の短期間で行われることから、短期調査(ショートレビュー)とも呼ばれるが、短期調査にはベンチャー・キャピタルの投資判断目的として行われる調査も含まれる。予備調査は、財務諸表作成のための会計処理のみな

らず，ビジネスモデル，経営，内部管理体制等を含む全般的・総合的な調査が行われることに加え，監査法人が証券会社より先行して関与を始めるケース，証券会社の関与可否判断の材料として予備調査を求めるケースが増加していることから，上場準備初期段階における重要なプロセスとなっている。
【関連用語】ショートレビュー，監査契約，監査法人，ベンチャー・キャピタル

ショートレビュー〔short review〕
→予備調査〔p.167〕

会計アドバイザリー (かいけいあどばいざりー)
　監査法人が株式上場を目指す会社に対して，金融商品取引法に準ずる監査の対象となる財務諸表等を作成するために必要となる最新の会計基準の適用と会計処理の適正化について，指導・助言を行うことをいう。予備調査により洗い出された課題に対する具体的な改善策を立案・実行するために，予備調査を行った監査法人からより具体的な指導・助言を受けることによって，株式上場に向けた準備をいっそう効果的かつ効率的に行うことができる。
【関連用語】予備調査，ショートレビュー

内部統制アドバイザリー (ないぶとうせいあどばいざりー)
　監査法人が株式上場を目指す会社に対して，適正な財務諸表を作成するための内部統制の整備・運用に関する指導・助言を行うことをいう。内部統制を整備するうえで基礎となる考え方の助言や計画された内部統制の仕組みの不備について改善指導等を行う。会計アドバイザリーと同様に予備調査を行った監査法人からより具体的な指導・助言を受けることによって，株式上場に向けた準備をいっそう効果的かつ効率的に行うことができる。
【関連用語】予備調査，ショートレビュー，内部統制報告制度

直前々期

監査契約 (かんさけいやく)

　金融商品取引法に基づき，もしくは証券取引所上場規則に基づき金融商品取引法に準拠して，上場会社もしくは上場申請会社が作成した連結財務諸表等が，一般に公正妥当と認められる企業会計の基準に準拠し，企業の財政状態，経営成績およびキャッシュ・フローの状況をすべての重要な点において適正に表示しているかどうかについて監査人が結論を述べた報告書を入手することを目的として，公認会計士または監査法人と締結する契約をいう。証券取引所の定める企業行動規範において会計監査人の設置および会計監査人の監査証明等を行う公認会計士等の選任が義務とされていることから，金融商品取引法に基づく監査契約を締結している公認会計士または監査法人と会社法に基づく監査契約も締結する必要がある。
【関連用語】公認会計士，監査法人，会計監査人，会計監査人監査，独立監査人の監査報告書

三者ミーティング (さんしゃみーてぃんぐ)

　上場準備会社，主幹事証券会社，監査人との間で，上場スケジュールや各プレイヤーの準備作業の進捗を共有すること，および相互に情報を交換することを目的として開催するミーティングのことをいう。上場準備作業を円滑に進めるためには，定期的に三者ミーティングを開催し，各プレイヤーが密接に連携していくことが必要である。
【関連用語】キックオフミーティング，主幹事証券会社

会計監査 (かいけいかんさ)

　企業の作成した財務諸表等が適正に作成，表示されているかどうかを確認するために行われる監査のことをいう。企業(経営者)の作成した財務諸表等が一般に公正妥当と認められる企業会計の基準に準拠

し，企業の財政状態，経営成績およびキャッシュ・フローの状況をすべての重要な点において適正に表示しているかどうかについて監査を行い，監査人が自ら入手した監査証拠に基づいて判断した結果を意見として表明する。上場準備にあたっては，直前々期以降，継続的な会計監査が必要となる。
【関連用語】会計監査人監査

期首残高監査 (きしゅざんだかかんさ)

監査人が，監査契約の締結初年度において，監査対象年度の期首残高に対して実施する監査のことをいう。監査対象年度の財務諸表に重要な影響を及ぼす虚偽表示が期首残高に含まれているかどうか，期首残高に適用した会計方針が適切かどうか，および当該会計方針が監査対象年度の財務諸表に継続して適用されているかどうか等について，十分かつ適切な監査証拠を入手することを目的とする。
【関連用語】監査契約，遡及監査

実査，立会，確認 (じっさ，たちあい，かくにん)

実査は，監査人自ら監査対象会社の保有する資産の現物を実際に確かめる監査手続である。立会は，監査対象会社が棚卸資産の実地棚卸を行う際に，監査人が現場に立会い，棚卸資産現物や実地棚卸の実施状況を観察する監査手続である。確認は，監査人が監査対象会社の取引先等の第三者から，文書による回答を直接入手する監査手続である。これらはいずれも代表的な監査手続であり，一般に強い証明力を有する監査証拠を入手することができるとされている。
【関連用語】会計監査

経営者ディスカッション (けいえいしゃでぃすかっしょん)

監査人が監査等を行うにあたり，経営者と協議することをいう。監査対象会社の事業環境，事業内容や経営方針，内部統制等に関する理解をすること，その他広く経営者との情報交換の機会を確保することを目的とする。
【関連用語】社長面談，監査役面談

監査役等とのコミュニケーション (かんさやくとうとのこみゅにけーしょん)

　監査人と監査役等(監査役，監査役会)との間で双方向に実施されるコミュニケーションのことをいう。監査人と監査役等が，監査に関する事項を理解し，効果的な連携をもたらすような関係を構築すること，監査人が監査役等から監査に関連する情報を入手すること等を目的としている。コミュニケーションは口頭や書面にて，適時に実施される。
【関連用語】社長面談，監査役面談

遡及監査 (そきゅうかんさ)

　監査法人等の財務諸表監査において，期首に監査契約を締結していなかった決算期の監査を遡って行うことをいう。日本では，遡及監査を明確に禁止していないが，それまで監査法人等による監査の実績がない会社は，期首残高の現金や有価証券に対する実査や棚卸立会等の監査手続が実施できず，過去の内部統制の状況や会計記録・証憑等の整備状況に不備がある場合に遡及的に残高を検証することが困難となり，監査意見を表明することができない場合がある。したがって，直前々期の期首以前より監査を開始するのが一般的である。
【関連用語】監査契約，期首残高監査，実査，立会，確認

直前期

会計監査 (かいけいかんさ)
　→会計監査 [p. 169]

四半期報告アドバイザリー (しはんきほうこくあどばいざりー)

　監査法人等が株式上場を目指す会社に対して，上場申請に必要な四半期報告書を作成するために必要な指導・助言を行うことをいう。これには四半期財務諸表に関する会計処理および四半期報告書を作成するための内部統制の整備に関する指導・助言が含まれる。

【関連用語】四半期報告書

J-SOX アドバイザリー (じぇいそっくすあどばいざりー)

監査法人等が株式上場を目指す会社に対して，株式上場後に適用される内部統制報告制度(J-SOX)に対応できる社内管理体制を整備し文書化するために必要な指導・助言を行うことをいう。
【関連用語】内部統制アドバイザリー，内部統制報告制度，J-SOX

申請書類作成アドバイザリー (しんせいしょるいさくせいあどばいざりー)

監査法人等が株式上場を目指す会社に対して，上場申請に必要な書類，特にⅠの部やⅡの部等を作成するために必要な指導・助言を行うことをいう。監査法人が上場申請書類を直接作成することはできないため，監査法人の指導・助言を受けたうえで，上場申請会社自身がこれらを作成することが必要となる。
【関連用語】上場申請書類，Ⅰの部，Ⅱの部

申請期

会計監査 (かいけいかんさ)
→会計監査 [p.169]

内部統制監査 (ないぶとうせいかんさ)
→内部統制監査 [p.127]

四半期レビュー (しはんきれびゅー)

経営者の作成した四半期財務諸表が，一般に公正妥当と認められる四半期財務諸表の作成基準に準拠して，企業の財政状態，経営成績およびキャッシュ・フローの状況を適正に表示していないと信じさせる事項がすべての重要な点において認められなかったかどうかについ

て，監査人が結論を表明するために実施する手続である。四半期レビューの結論は，四半期財務諸表に対する消極的形式による限定的保証である。したがって，四半期レビューは，財務諸表には全体として重要な虚偽の表示がないということについて合理的な保証を得るために実施される年度の財務諸表監査と同様の保証を得ることを目的とするものではない。
【関連用語】四半期レビュー報告書，レビュー

証券会社ヒアリング（しょうけんがいしゃひありんぐ）

証券会社の審査部門による推薦審査において，上場申請会社の会計組織の整備・運用の状況，会計処理手続きなどについて監査法人に確認すること。主幹事証券会社においては監査法人面談と呼ばれる。上場申請会社が上場申請を行う際に，証券取引所による審査に先立ち実施される。
【関連用語】審査部門，推薦審査，監査法人面談

証券取引所ヒアリング（しょうけんとりひきじょひありんぐ）

→監査法人ヒアリング［p. 206］

独立監査人の監査報告書

→独立監査人の監査報告書［p. 164］

コンフォートレター〔comfort letter〕

正式には「監査人から引受事務幹事会社への書簡」といわれるもので，有価証券届出書等に記載された発行会社の財務情報およびその後の変動について，監査人が調査した結果を記載した文書をいう。日本公認会計士協会監査・保証実務委員会報告第68号「監査人から引受事務幹事会社への書簡について」に基づいて作成される。財務諸表等については監査法人の監査意見が付されるが，その意見の対象は財務諸表等に限定されるため，引受事務幹事会社はコンフォートレターによってそれ以外の情報の妥当性について調査を依頼する。記載される内容は，監査対象の財務諸表等に訂正を必要としている事象が生じてい

ないかどうか，財務諸表等以外の財務情報が会社の記録と一致しているかどうか等についての調査結果となる。なお，調査の打ち切り日は払込期日または受渡期日の7日以内の日となり，払込期日または受渡期日の前日の日付で発行会社および引受事務幹事会社の各社長連名宛で作成される。
【関連用語】有価証券届出書

監査概要書 (かんさがいようしょ)

　公認会計士または監査法人が作成する，監査の従事者，監査日数，監査の実施において特に考慮した事項その他当該監査に関する概要を記載した書面をいう。監査報告書，四半期レビュー報告書等の発行日の翌月の末日までに監査概要書，四半期レビュー概要書を作成して財務局長に提出する義務があり，証券取引所に対しては，上場申請書類の一部として提出する義務がある。

　直前連結会計年度の連結財務諸表等に関する監査概要書には，会社の会計組織，経理規程，原価計算制度，内部統制組織，内部監査組織，連結財務諸表作成のための体制とその運用および連結財務諸表の作成に関する経理規程ならびに連結子会社および持分法適用会社の経理規程の整備状況等に関する公認会計士または監査法人による評価について記載した書面を添付する必要がある。
【関連用語】公認会計士，監査法人，会計監査人，会計監査人監査，上場申請書類

四半期レビュー報告書 (しはんきれびゅーほうこくしょ)

　経営者の作成した四半期財務諸表が，一般に公正妥当と認められる四半期財務諸表の作成基準に準拠して，企業の財政状態，経営成績およびキャッシュ・フローの状況を適正に表示していないと信じさせる事項がすべての重要な点において認められなかったかどうかについて監査人の結論を述べた報告書のことをいう。
【関連用語】四半期レビュー，四半期報告書

経営者確認書 (けいえいしゃかくにんしょ)

　監査人が監査意見等を表明するにあたって，特定の事項を確認するためまたは他の監査証拠を裏づけるため，経営者から入手する書類のことをいう。財務諸表の作成責任および内部統制を構築する責任が経営者にあること，監査を実施するにあたり必要な資料をすべて提出したことなどを記載することとされている。
【関連用語】二重責任の原則

9 証券会社の役割

　証券会社は，新規上場に対応するために，機能役割ごとに法人営業部門，引受部門，審査部門等の担当部署が決められ，株式上場を検討する段階から実際に上場して資金調達するまで多くの役割を担っており，株式上場には不可欠なプレイヤーであるといえます。そこで本章では，証券会社の役割を全般的事項，上場準備期間，上場申請，株式発行価格の決定，募集・売出しという時系列に分類したうえで，それぞれに関連する用語を説明します。

全般的事項

証券会社
→証券会社 [p.7]

主幹事証券会社 (しゅかんじしょうけんがいしゃ)

IPO時の募集または売出しを行う際に,株式を引受ける複数の幹事証券会社のうち,事務手続きや販売において主導的な役割を果たす証券会社をいう。上場申請会社が行う上場申請書類の作成,内部管理体制・開示体制の整備,資本政策などについて助言・指導も行う。また,審査部門による上場適格性の審査や,証券取引所の審査対応等,IPOに至るまで上場準備作業全般に関与する。

【関連用語】証券会社,引受部門,審査部門

副幹事証券会社 (ふくかんじしょうけんがいしゃ)

IPO時の募集または売出しを行う際に,株式を引受ける複数の幹事証券会社のうち,引受数量が主幹事証券会社の次に多く,主幹事証券会社の補佐的な役割を果たす証券会社をいう。

【関連用語】主幹事証券会社

引受シンジケート団 (ひきうけしんじけーとだん)

新たに発行される有価証券を引き受けるために組成される証券会社等の集団。募集・売出しに際して販売力の強化と売れ残りリスクの分散を目的として組成される。引受シンジケート団に参加する証券会社等および引受比率は発行会社(=上場申請会社)が決定する。参加した証券会社等それぞれが,ファイナンス審査や投資家の需要調査(ブックビルディング)を行い,主幹事証券会社がそれらの取りまとめを担う。

【関連用語】ファイナンス審査,ブックビルディング

法人営業部門 (ほうじんえいぎょうぶもん)

　証券会社において総合窓口となり,各種サービスの提供を行う部門。法人営業部門の担当者は,自らのノウハウを顧客または見込み客等に提供することに加え,自らがコーディネーター役となって在籍する証券会社の機能を顧客ニーズにあわせて提供するミッションをもつ。また,主幹事の獲得や引受シンジケート団への参加など営業活動に関する最終的な責任は,原則として当該法人営業担当部署が負っている。
【関連用語】主幹事宣言,マンデート,引受シンジケート団

引受部門 (ひきうけぶもん)

　IPOにおける証券会社の業務のうち,IPO準備に係るアドバイザリー業務とIPO時の募集または売出しにおける株式引受業務を担う部門のこと。

① IPO準備に係るアドバイザリー業務

　上場申請会社が行う上場申請書類の作成,内部管理体制・開示体制の整備,資本政策,証券取引所の審査対応等,IPO準備活動全般にわたる助言,指導について,証券会社の(公開)引受部門がアドバイザリー契約に基づき行う。通常は主幹事証券会社1社単独で行われる。

② 株式引受業務

　幹事証券会社(公開)引受部門は,IPO時の募集または売出しにおいて,上場申請会社または株式所有者と元引受契約を締結するとともに,引受に際して引受シンジケート団を組成する。主幹事証券会社の(公開)引受部門は,引受シンジケート団を代表して事務手続きや販売において主導的な役割を果たし,上場申請会社等との折衝を行う。

【関連用語】主幹事証券会社,引受シンジケート団,元引受契約

公開引受部門 (こうかいひきうけぶもん)

　→引受部門［p.179］

審査部門 (しんさぶもん)

　IPOにおける証券会社の業務のうち，IPOに係る審査業務を担う部門のこと。引受部門から独立的な立場で，上場申請会社が証券取引所に上場するに値する企業(上場を推薦すべき企業)かどうか，その引受が妥当かどうか引受の可否判断の基礎となる審査を行う。IPOに際しての審査部門の機能として，推薦審査とファイナンス審査に大別される。
【関連用語】推薦審査，ファイナンス審査，推薦書

上場準備期間

主幹事宣言 (しゅかんじせんげん)

　上場を目指す会社から主幹事証券会社としての指名を受けること。
【関連用語】マンデート

マンデート〔mandate〕

　企業などが株式発行等により資金調達をする際に，証券会社などの金融機関がその企業より業務の委任を受けることをいい，通常は上場を目指す会社から主幹事証券会社としての指名を受けることを指す。
【関連用語】主幹事宣言，主幹事証券会社

上場準備指導契約 (じょうじょうじゅんびしどうけいやく)

　上場準備会社が，主幹事証券会社やコンサルティング会社等から上場準備指導を受けるにあたって締結する契約。
【関連用語】主幹事証券会社，IPOコンサルタント，引受コンサルティング

引受コンサルティング (ひきうけこんさるてぃんぐ)

　主幹事証券会社の引受部門が提供するコンサルティングサービスのことをいう。上場に向けてのスケジュール表の作成や進捗管理を行う

ほか，内部管理体制の整備，関係会社整理や資本政策に関する助言，Ⅰの部やⅡの部等の作成支援等を行う。
【関連用語】引受部門，上場準備指導契約

IPO コンサルティング（あいぴーおーこんさるてぃんぐ）
→引受コンサルティング［p. 180］

キックオフミーティング〔kick-off meeting〕
　上場を目指す会社が上場準備作業を開始するにあたり，会社，主幹事証券会社，監査法人などの関係者が一堂に会し，上場準備開始の認識を共有するとともに実務担当者の紹介や，上場までのスケジュール，課題・改善点等の概要を確認するためのミーティングをいう。主幹事証券会社ならびに監査法人の決定後，速やかに行われることが多い。
【関連用語】主幹事証券会社，監査法人，三者ミーティング

上場申請

元引受契約（もとひきうけけいやく）
　有価証券の募集や売出しを行う際に，当該有価証券の発行会社または所有者と幹事会社が締結する契約のことをいう。金融商品取引法において定義されており，元引受契約として下記の内容の契約のいずれかを締結するものとされている。
　① 募集や売出しを行う当該有価証券を投資家に取得させることを目的として，当該有価証券の全部または一部を発行者または所有者から取得すること
　② 当該有価証券の全部または一部について，これを取得する者がいない場合に幹事会社が残った有価証券を発行者または所有者から取得すること
　なお，元引受契約における引受手数料はスプレッド方式によるもの

が一般的となっている。
【関連用語】主幹事証券会社，引受部門，引受手数料，スプレッド方式

推薦書 (すいせんしょ)

主幹事証券会社が作成する上場申請書類の1つで，主幹事証券会社の推薦審査において，経営者の識見，会社の内部管理体制および業績等について十分な審査をした結果，上場企業としての要件を充たす優良な企業として証券取引所へ推薦する旨の内容が記されている。なお，様式は証券取引所が指定する。
【関連用語】推薦審査

推薦審査 (すいせんしんさ)

主幹事証券会社が証券取引所に推薦書を提出するために実施する審査。証券取引所の上場基準(実質基準)に則して，上場適格性についての審査を行う。審査範囲や審査内容については，基本的に証券取引所の審査と同じである。しかし，個々の事項の判断は，証券会社によって異なる場合もある。
【関連用語】推薦書，実質基準

監査法人面談 (かんさほうじんめんだん)

→証券会社ヒアリング [p.173]

ファイナンス審査 (ふぁいなんすしんさ)

引受証券会社が，IPO時の公募または売出しの実施に際して行う審査。元引受を行うにあたり，引受の可否判断の基礎となる審査を行う。推薦審査は主幹事証券会社のみが行うのに対して，ファイナンス審査は引受を行う証券会社全社(引受シンジケート団)が行う。
【関連用語】引受シンジケート団，引受審査

事前相談 (じぜんそうだん)

主幹事証券会社が，上場申請前の企業に関する事項について，事前に証券取引所に行う相談のこと。上場準備を行う過程で，上場申請資

料や体制の整備の方向性，深度等について，判断が難しい事項が生じた場合，主幹事証券会社は証券取引所に事前相談を行うことがある。事前相談に臨むにあたって，上場申請予定企業の社名を明示した場合は，上場審査においてその事前相談の内容を踏まえた審査が行われる。
【関連用語】上場審査

引受審査 (ひきうけしんさ)

→ファイナンス審査 [p.182]

引受審査資料 (ひきうけしんさしりょう)

ファイナンス審査のために，上場申請会社から引受シンジケート団に提出する資料をいう。有価証券の引受け等に関する規則および同細則において，定款や税務申告書，営業の状況と利益計画等，証券会社が受領すべき資料が定められており，引受審査を行うために十分な期間までに主幹事証券会社が受領し，IPO 時の募集または売出しに係る発行決議日の 15 営業日前までに，主幹事証券会社の審査部門を通じて引受シンジケート団の審査部門に配布される。
【関連用語】ファイナンス審査，引受シンジケート団

ファイナンス手続き (ふぁいなんすてつづき)

有価証券の発行に際して行う各種手続きのこと。新規上場に係るファイナンスの主な手続きは以下のとおり。

上場承認が発表されると同時に財務局に有価証券届出書の提出を行う。上場前の公募増資手続きは，ブックビルディング方式で決定されることが一般的である。ブックビルディング方式による公募価格の決定は一般的に次のような流れで行われる。

① プレヒアリングによる仮条件の決定

1 週間程度の期間，発行会社の経営陣と主幹事証券会社は機関投資家を 30 社程度訪問し，プレゼンテーション(ワンオンワンミーティング)を行う。主幹事証券会社は機関投資家の意見をもとに公募・売出し価格の仮条件(価格帯)を決定する。

② 仮条件の投資家への提示，会社法上の発行決議

機関投資家の意見をもとに決定された仮条件を訂正目論見書で投資家へ提示する。あわせて取締役会を開催し，会社法上の発行決議を行う。
③ 投資家の需要申告（ブックビルディング・需要申告）
投資家は仮条件に基づいて購入希望株数・株価を引受証券会社へ申告する。
④ 投資家の需要把握
申告に基づいて主幹事証券会社は投資家の需要を把握する。
⑤ 発行価格の決定，募集売出しの実施
把握した投資家の需要等に基づいて，発行会社と主幹事証券会社が発行価格を決定する。

【関連用語】ブックビルディング，仮条件・プレヒアリング，ワンオンワンミーティング，払込金額，引受価額

引受手数料 (ひきうけてすうりょう)

幹事証券会社と元引受契約を締結するにあたり，引受(販売)の対価として発生する手数料をいう。

【関連用語】引受部門，元引受契約，スプレッド方式

スプレッド方式 (すぷれっどほうしき)

引受手数料に関して，証券会社が投資家に販売する発行価格と証券会社が引き受ける引受価額との間に差額を設け，この差額を引受手数料相当額として証券会社の収入とする方式をいう。スプレッド方式を採用した場合，発行会社または売出し人が手数料を支払った場合と比較して，貸借対照表に計上される資本の額は減少するものの，利益の圧迫要因となる費用を計上する必要がない。

【関連用語】引受手数料

株式発行価格の決定

ローンチ〔launch〕

有価証券の発行にあたって,その発行に係る条件等を市場に公表し,募集関連の手続を開始すること。IPOの場合,上場承認日と同日となる。

IPOディスカウント〔IPO discount〕

未上場会社が新規上場に伴うファイナンスを行う際の公開価格決定に関して,投資家が負う新規上場会社特有のリスク,上場会社と比べた情報量を勘案して,想定される上場後の流通価格から一定率のディスカウントを行うこと。

IPOディスカウントを行う主な理由は以下のとおりとされている。
① 上場後に十分な流動性が確保できないリスクが存在する
② 過去の実績がないために投資家が株式価値を過小評価するリスクが存在する
③ 仮条件のレンジ決定から投資家の売買可能日(上場日)まで期間が長い(3週間程度)ことによる期間リスクが存在する
④ 新規上場会社の株式を購入する投資家は,上場前の時点ではアナリストによるカバレッジもなく,会社情報は目論見書など限られた情報しかない

ディスカウント率はその時々の株式市況や新規上場株式を取り巻く環境,新規上場会社の業態および企業規模・成長性等に応じて決定される。

【関連用語】公開価格(プライマリープライス),流通価格(セカンダリープライス)

ロードショー〔road show〕

公開予定会社が仮条件決定前に機関投資家に向けて会社の説明を行

って回ること。国内オファリングのみの場合，発行決議の翌営業日から8営業日程度の日程で行う。ロードショー期間中公開予定会社は主幹事証券会社のアレンジする投資家を個別に訪問し，各1時間程度で会社の説明，質疑を実施する。機関投資家のニーズが強い場合には1日の訪問件数は5～6件に及ぶこともあり，仮条件決定後においても追加的に行うケースもある。ロードショーで訪問した機関投資家は当該会社株式の公開価格の妥当な価格帯を主幹事証券会社に申告し，仮条件を算定する際の根拠を提供する。
【関連用語】仮条件

ロードショー・マテリアル〔premiere material〕
　会社がエクイティ・ファイナンスを行う際に，一般投資家や機関投資家といった潜在的投資家に対して事業戦略や成長戦略に関する説明を取りまとめた資料のこと。
【関連用語】ロードショー，エクイティ・ストーリー

エクイティ・ストーリー〔equity story〕
　会社がエクイティ・ファイナンスを行う際に，一般投資家や機関投資家といった潜在的投資家に対して訴求する事業戦略や成長戦略の説明のこと。
【関連用語】エクイティ・ファイナンス，ロードショー・マテリアル

セールス・フォース・ミーティング〔sales force meeting〕
　発行決議当日に主幹事証券のセールス担当者向けに行う会社説明会のこと。基本的に翌営業日以降のロードショーと同じ内容を説明することとなるため，ロードショーに向けた最終リハーサルとしての意味合いももつ。
【関連用語】ロードショー，ドライラン

ドライラン〔dry run〕
　→セールス・フォース・ミーティング〔p. 186〕

ワンオンワンミーティング〔one on one meeting〕

上場会社の経営陣と主幹事証券会社が機関投資家を訪問して1対1で行うプレゼンテーションのこと。新規上場の場合は，発行決議の翌営業日から8営業日程度のロードショーのなかで行う。
【関連用語】ファイナンス手続き，スモールミーティング，ラージミーティング

スモールミーティング〔small meeting〕

上場会社の経営陣が，少数の機関投資家やアナリストを集めて参加者の質問に答える双方向コミュニケーションを深めることを目的とした会議のこと。
【関連用語】ラージミーティング

ラージミーティング〔large meeting〕

上場会社の経営陣が，多くの機関投資家やアナリストを集めて行う決算説明会，会社説明会などのプレゼンテーションのこと。IPOの場合，ロードショー期間中に一度開催することが一般的。
【関連用語】スモールミーティング

ブックビルディング方式 (ぶっくびるでぃんぐほうしき)

新規公開予定会社の公開価格を決定する方式の1つ。引受証券会社が株価算定能力の高いと思われる機関投資家等の意見をもとに仮条件の価格帯を決定し，その仮条件を投資家に提示し，投資家の需要状況を把握することによって，マーケット動向を反映した公開価格を決定する方式である。現在では民営化案件など競争入札による価格決定が求められる例外を除いてほぼこの方式が採用されている。

一般的にはブックビルディング方式には，多数の投資家の意向を反映することにより，株式公開後の流通市場まで勘案した公開価格の決定が可能となり，株価への信頼感を高めることが期待されている。
【関連用語】競争入札方式，公開価格

仮条件 (かりじょうけん)

　ブックビルディング方式での株式上場時に，投資家が需要価格や株数を申告するよりも前に，引受証券会社が提示する価格帯。主幹事証券会社により，プレヒアリングの結果やマーケット動向を踏まえ妥当な価格帯を算定し，新規公開予定の会社と協議のうえ，決定される。決定日にプレスリリースされるとともに訂正有価証券届出書(訂正目論見書)によって投資家に周知される。
【関連用語】ブックビルディング方式，プレヒアリング

プレヒアリング 〔pre-hearing〕

　ブックビルディング方式での株式上場時に，主幹事証券会社が発行価格(公募価格)決定に必要な仮条件決定の参考にするために，価格算定能力が高いと思われる機関投資家に妥当価格帯や理由等をヒアリングすること。国内のみのオファリングの場合，標準的なプレヒアリングの期間は発行決議の翌営業日から8営業日程度。
【関連用語】ブックビルディング方式，発行価格，仮条件

競争入札方式 (きょうそうにゅうさつほうしき)

　競争入札方式とは，新規公開予定会社の公開価格を決定する方式の1つ。証券取引所の定める類似会社比準価格の算定基準により算定した価格の85%以上を入札下限価格として行う入札結果に基づき，引受証券会社がマーケット動向を加味しながら公開価格を決定する方式である。競争入札方式は限られた公開株数に対して上限価格が存在しないなかで入札を行うため，実勢を反映しない入札結果をもたらす可能性があり，上場後の株価との連続性が問題となることがある。こうした問題点があり，最近では競争入札による価格決定が求められ，十分な公開株数を確保できる民営化案件を除いてこの方式は採用されていない。
【関連用語】ブックビルディング方式，公開価格

想定価格 (そうていかかく)

　有価証券届出書(目論見書)のなかに記載されている新規発行株式の

予定価格のこと。通常，有価証券届出書は発行決議日（上場承認日）の1週間程度前に校了を迎えるため，それまでに主幹事証券会社と合意する必要がある。
【関連用語】有価証券届出書，目論見書，想定発行価格

初値 (はつね) 〔the first value〕
新規上場会社が，金融商品取引所に上場して最初についた値段のこと。

募集・売出

委託販売団 (いたくはんばいだん)
新規上場株式の募集・売出しに際して，募集・売出株数の一部を委託販売という形で引受証券会社以外の証券会社で販売することがあるが，この際に引受証券会社が募集・売出しの取扱いに関する事務を金融商品取引所に委託することにより組成される販売団のこと。（東証有価証券上場規程施行規則236条，東京証券取引所上場前の公募又は売出し等に関する規則6条）。

親引け (おやびけ)
株式，新株予約権等の募集・売出しの際に，すべてを公募せず発行会社が指定する販売先へ売付けること。親引けを行うことができる場合は，有価証券の引受け等に関する規則31条3項で以下のとおり規定されている。
① 連結関係または持分法適用関係にある支配株主がその関係を維持するために必要な場合
② 企業グループ全体での持株比率を維持するために必要な場合（当該企業グループの具体的な範囲および持株比率ならびに企業グループ各社間における出資，人事，資金，技術，取引等の関係を発行者が発

表資料で公表した場合に限る)
③ 業務提携の関係にある株主がその持株比率を維持するためまたは当該関係を形成しようとする者が一定の株式を保有するために必要な場合(当該業務提携およびそのために株式を保有しなければならない旨が契約書等(締結することが確実となっているものを含む)により確認できる場合に限る)
④ 株券の募集または売出しの場合で,当該募集および売出しに係る株式数の10%を限度として持株会等を対象とするとき
⑤ 発行者(連結子会社または持分法適用会社を含む)の取締役(委員会設置会社の場合には執行役を含み,相談役,顧問その他いかなる名称を有する者であるかを問わず,会社に対し法律上または契約上影響力を及ぼし得る権限または責任を有するものと認められる者を含む。),会計参与(会計参与が法人であるときは,その職務を行うべき社員を含む),監査役または従業員もしくはその予定者に報酬,給与または賞与として新株予約権を配分する場合(新株予約権の譲渡価額に相当する金額をあらかじめまたは同時に支給したうえで新株予約権を譲渡するときおよび新株予約権の譲渡による払込金が信託口座等に預託され新株予約権の行使が行えない場合には当該払込金に金利を付して返済することが契約等で保証されているとき等を含む)

【関連用語】売り先指定

売り先指定 (うりさきしてい)
→親引け [p. 189]

発行価格 (はっこうかかく)

 企業が株式を発行する場合等に,投資家が引受証券会社に払い込む1株当たりの金額。公募増資の場合は公募価格,売出しの場合は売出価格ともいう。通常はブックビルディングの結果を踏まえ,新規上場予定の会社と主幹事証券会社が協議のうえ,決定される。なお,公募増資による発行会社の手取り額は発行価格から証券会社手数料相当分(スプレッド)を差し引いた引受価額となる。決定日にはプレスリリースされるとともに,訂正有価証券届出書(訂正目論見書)によって投資

家に周知される。
【関連用語】仮条件，引受価額，公開価格

公開価格（こうかいかかく）

引受証券会社が新規公開株式を投資家に販売するときの1株当たりの価格のこと。
【関連用語】IPOディスカウント，引受価額，流通価格

プライマリープライス〔primary price〕

→公開価格［p.191］

流通価格（りゅうつうかかく）

株式市場で決定される上場会社の株価のこと。
【関連用語】IPOディスカウント，引受価額，公開価格

セカンダリープライス〔secondary price〕

→流通価格［p.191］

引受価額（ひきうけかがく）

株式の募集・売出しに際して，発行会社が調達する1株当たりの価格・売出人が受け取る1株当たりの価格のこと。公開価格と引受価額との差額（スプレッド）が引受証券会社の引受手数料相当額となる。
【関連用語】ファイナンス手続き，公開価格

払込金額（はらいこみきんがく）

会社法199条1項2号に規定される，募集株式1株と引換えに払い込む金額または給付する金銭以外の財産の額（会社法上の払込金額，発行価額ともいう）のこと。新規上場株式の募集・売出しに際して，財務局に提出する有価証券届出書に払込金額を記載し，ブックビルディングによる需要調査の結果，引受価額がこの価額を下回るような場合は，公募・売出しを中止しなければならないとされており，その金額は仮条件の下限価格の85%以上とするのが一般的。

【関連用語】ファイナンス手続き，引受価額

払込取扱場所 (はらいこみとりあつかいばしょ)

株式の募集に際して，金銭の払込みがあるときに定めなければならない会社法 203 条 1 項 3 号に規定される払込みの取扱の場所のこと。一般的には，銀行等の金融機関が払込取扱場所となる。

日経平均 (にっけいへいきん)

日本経済新聞社が公表している株価指数。東証第一部上場銘柄のうち，流動性の高さや業種のバランス等を考慮して 225 銘柄を選定し，ダウ平均株価の株価平均型方式をもとにした計算方法で算出される。

ロックアップ〔lock-up〕

新規上場会社の既存株主と主幹事証券会社とが，上場日(ないし引受契約締結日)以降一定期間が経過するまでの間，主幹事証券会社の書面による事前承諾なしに，株式を売却しない旨の契約を行う制度のこと。株式を大量に保有している大株主が，上場後短期間で株式を売却することにより，株価の大幅な下落を招き，一般投資家が不利益を被ることを防止することを目的としている。

DVP 決済 (でぃーぶいぴーけっさい)〔Delivery Versus Payment〕

証券の引き渡しと代金支払いを相互に条件付けた決済方式のこと。証券決済において，資金(または証券)を渡したにもかかわらず，取引相手からその対価である証券(または資金)を受け取れないリスクを回避するための方法・仕組みである。DAP(Delivery Against Payment)とも呼ばれている。

配分ルール (はいぶんるーる)

日本証券業協会が株券等の募集等の引受け等に係る顧客への配分に関する規則で定める，株式等を広い範囲の投資者へ円滑に消化することを図りつつ，顧客への公平な配分を実現することを目的とした募集・売出し株式等の配分ルールのこと。新規上場に際して行う株券の

配分にあたっては、原則として引受証券会社が個人顧客に対して行う配分予定数量の10%以上を抽選により決定するものとすることとされている。

銘柄コード (めいがらこーど)

全国の金融商品取引所および証券保管振替機構から組織され運営されている証券コード評議会が、独自に仕様を定めている証券コードのこと。株式銘柄コードとは、上場会社ごとに付けられている4桁の数字のこと。株式銘柄コードは、各銘柄を識別するために決められており、大まかな業種順に並べられているが、新規上場の場合にはコード番号に限りがあることから、必ずしも類似会社と近い数字となるわけではない。

10
証券取引所の役割

　証券取引所は，会社が株式市場に上場銘柄としてデビューする前に，株式市場に上場できるか否かを審査する役割を担っています。上場審査書類や関連資料，そして，経営者をはじめとした会社関係者へのヒアリングを実施し，最終的に上場審査基準を満たした会社のみに対し新規上場を認めます。これにより，上場会社の質が担保され，円滑な売買の成立を図ることができます。そこで本章では，証券取引所が運営する市場の種類，上場申請，上場承認に関する事項について，それぞれに関連する用語を説明します。

本則市場

東京証券取引所一部 (とうきょうしょうけんとりひきじょいちぶ)
　東京証券取引所の本則市場の1つで，同じ東京証券取引所の本則市場である東京証券取引所二部よりも厳しい形式要件(数値基準)が設けられている。
【関連用語】本則市場

東京証券取引所二部 (とうきょうしょうけんとりひきじょにぶ)
　東京証券取引所の本則市場の1つ。
【関連用語】本則市場

名古屋証券取引所一部 (なごやしょうけんとりひきじょいちぶ)
　名古屋証券取引所の本則市場の1つ。
【関連用語】本則市場

名古屋証券取引所二部 (なごやしょうけんとりひきじょにぶ)
　名古屋証券取引所の本則市場の1つ。
【関連用語】本則市場

福岡証券取引所本則 (ふくおかしょうけんとりひきじょほんそく)
　福岡証券取引所の本則市場をいう。
【関連用語】本則市場

札幌証券取引所本則 (さっぽろしょうけんとりひきじょほんそく)
　札幌証券取引所の本則市場をいう。
【関連用語】本則市場

新興企業向け市場

マザーズ〔Mothers〕

　1999年11月に東京証券取引所に開設された新興企業向け市場をいう。将来の市場第一部へのステップアップを視野に入れた成長企業向けの市場と東京証券取引所は位置づけている。マザーズの上場審査においては，高い成長性を有することが重視され，長期的な視点で高い成長性を評価するため，利益の額等に数値基準は設けられていない。審査期間は本則市場よりも短い2ヵ月程度の審査スケジュールが想定されている。一方，本則市場とは違い，年2回以上の投資家向け説明会の開催を義務づけられている。
【関連用語】新興企業向け市場

JASDAQ（ジャスダック）

　東京証券取引所に開設されている新興企業向け市場をいう。2010年4月に大阪証券取引所とジャスダック証券取引所が合併したことにより，2010年10月に旧大阪証券取引所に開設されていた新興企業向け市場であるヘラクレスと旧ジャスダック証券取引所に開設されていた旧JASDAQとNEOの3つの市場が統合され，新JASDAQが新設された。2013年1月に東京証券取引所と大阪証券取引所が経営統合したことにより，2013年7月に両取引所の市場が統合され，JASDAQは，東京証券取引所に開設されることとなった。JASDAQは，幅広い企業に対してエクイティ資金を供給するという新興市場の重要な機能を発揮できるよう，市場を一定の事業規模と実績を有し，事業の拡大が見込まれる企業を対象としたJASDAQスタンダードと，特色ある技術やビジネスモデルを有し，将来の成長可能性に富んだ企業を対象としたJASDAQグロースの2つに区分している。JASDAQでは，「新しい産業や中堅・中小企業に幅広くエクイティ資金を供給することを通じて，その成長を支援するとともに，投資家にとって魅力

的な投資機会を提供する」ことを基本理念におき，上場企業の誘致を行っている。
【関連用語】新興企業向け市場，ヘラクレス，NEO 市場，スタンダード基準，グロース基準

NEO 市場 (ねおしじょう)

ジャスダック証券取引所(経営統合後は大阪証券取引所)において，2007 年 8 月から 2010 年 10 月までの間，成長可能性のある新技術または新たなビジネスモデルを有する企業グループを上場対象として開設されていた市場をいう。2010 年 10 月に行われた旧 JASDAQ，ヘラクレスとの市場統合に伴い，NEO 上場企業は JASDAQ グロースを構成することとなった。
【関連用語】JASDAQ，ヘラクレス

ヘラクレス〔Hercules〕

2000 年 5 月から 2010 年 10 月までの間，大阪証券取引所に開設されていた新興企業向け市場をいう。大阪証券取引所がナスダックと提携し開設したため市場名を「ナスダック・ジャパン」としていたが，提携解消に伴い，2002 年 12 月に名称をニッポン・ニューマーケット「ヘラクレス」に変更した。ヘラクレス市場には一定の規模や実績がある企業を想定したスタンダード基準と将来の成長性に富んだ企業を想定したグロース基準の 2 つの上場基準があった。2010 年 10 月の旧 JASDAQ，NEO との市場統合により，スタンダード基準銘柄は旧 JASDAQ 上場会社とともに JASDAQ スタンダードを構成し，グロース基準銘柄は NEO 上場会社とともに JASDAQ グロースを構成することとなった。
【関連用語】新興企業向け市場，JASDAQ，NEO 市場

スタンダード基準 (すたんだーどきじゅん)

東京証券取引所 JASDAQ の上場基準の 1 つをいう。
JASDAQ スタンダード基準の形式要件は東証有価証券上場規程 216 条の 3 に規定され，グロース基準と比較すると純資産の額(直前連

結会計年度の末日において2億円以上)，利益の額(最近1年間で1億円以上，ただし上場時の時価総額が50億円以上となる見込みの場合は問わない)で差異がある。また，適格要件については，企業の存続性(事業活動の存続に支障を来す状況にないこと)および健全な企業統治および有効な内部管理体制の確立(企業規模に応じた企業統治および内部管理体制が確立し，有効に機能していること)が求められる点に差異がある。
【関連用語】JASDAQ，グロース基準

グロース基準 (ぐろーすきじゅん)

東京証券取引所JASDAQの上場基準の1つをいう。

JASDAQグロース基準の形式要件は東証有価証券上場規程216条の6に規定され，スタンダード基準と比較すると，純資産の額は直前連結会計年度の末日において正であればよく，また利益の額については基準を設けていないなど，将来の成長可能性を有する企業を対象としている市場であるため，若干基準が緩和されている。また，適格要件については，企業の成長可能性(成長可能性を有していること)および成長の段階に応じた健全な企業統治および有効な内部管理体制の確立(成長の段階に応じた企業統治および内部管理体制が確立し，有効に機能していること)が求められる点に差異がある。
【関連用語】JASDAQ，スタンダード基準

セントレックス〔Centrex〕

1999年10月に名古屋証券市場に開設された新興企業向け市場をいう。成長が期待される企業に対して，資金調達や企業知名度の向上の機会を提供することにより，近い将来の本則市場(市場第一部・第二部)へのステップアップを視野に入れた企業向けの市場である。セントレックスの特徴としては，以下の3点があげられる。

① 企業規模を問わない(成長事業を有する売上高があれば上場申請が可能)
② 上場時の時価総額は3億円から上場可能(マザーズは10億円以上)
③ Ⅱの部が作成不要

【関連用語】新興企業向け市場

Q-Board

2000年5月に福岡証券市場に開設された新興企業向け市場をいう。九州周辺の地域経済の浮揚・発展に資するため，今後成長しようとする企業に対し，できるかぎり資金調達の機会を提供するとともに，投資家に対しても魅力ある投資機会を提供することを目的として開設された。九州周辺に本店を有する企業または九州周辺における事業実績・計画を有する企業を対象としている。上場基準については，利益の額にかかる基準はないが，成長可能事業の売上高が計上されていることおよび純資産の額が上場時に正であることが求められている。また，500単位以上の公募または売出しを実施し上場時の株主数が200人以上であること，および上場時時価総額については3億円以上となる見込みのあることが求められている。

【関連用語】新興企業向け市場

アンビシャス〔Ambitious〕

2000年4月に札幌証券市場に開設された新興企業向け市場をいう。近い将来における本則市場へのステップアップを視野に入れた，中小・中堅企業向けの育成市場であり，成長性が見込まれる企業の資金調達を容易にし，地域経済の活性化に資するとともに，投資者に新たな投資機会を提供することを目的として開設された。成長が見込まれる中小企業または安定的な成長を続けている中小・中堅企業で，北海道と何らかのつながりを有している企業を対象としている。上場基準については，上場時時価総額の基準がなく，純資産の額は上場時1億円以上(ただし，最近2年間の営業利益が50百万円以上の場合は上場時正)，利益の額は直前事業年度の営業利益が正(高い収益性が期待できる場合を除く)であることが求められている。

【関連用語】新興企業向け市場

その他市場

TOKYO PRO Market

　2008年の金融商品取引法の改正により導入されたプロ向け市場制度に基づき東京証券取引所に開設された市場をいう。東京証券取引所とロンドン証券取引所が合弁により2009年6月に開設したTOKYO AIMが前身であり、2012年3月の合弁解消後は、東京証券取引所内の市場となり、2012年7月にTOKYO PRO Marketへ名称変更された。ロンドン証券取引所が運営する成長企業向け市場であるAIMの制度をモデルとして設計されており、J-Adviserと呼ばれる指定アドバイザー制度が導入されていること、投資家を主にプロ投資家に限定していることが大きな特徴である。他の市場と異なり、取引所の規則ではなく、企業、J-Adviser、投資家等の市場参加者全員が市場を運営していく制度となっている。そのため、上場基準がなく上場適格性はJ-Adviserが中心となって確認するため、上場までの期間が短縮されており、また、四半期開示や内部統制報告書が不要である等、上場企業の負担が軽減されている。
【関連用語】J-Adviser、J-QS

J-Adviser

　TOKYO PRO Marketへ上場を希望する企業の上場適格性を評価するとともに、上場までの過程において助言・指導を行い、さらに上場後も規則遵守や情報開示をサポートする、取引所の承認を受けたアドバイザーをいう。TOKYO PRO Marketに上場するにあたり、企業はJ-Adviserを確保する必要がある。J-Adviser制度はTOKYO PRO Marketの運営の中核を担っており、上場企業がJ-Adviserとの契約関係を失った場合、原則当該企業は監理銘柄に指定され、一定期間内に別のJ-Adviserを確保できない場合は、整理銘柄に指定されたのち上場廃止となる。J-Adviserは、常にTOKYO PRO Marketにおける

市場の秩序や規律を維持するために行動するとともに、担当企業の株主間の公平が保たれるよう、担当企業の役員などへの指導・助言に努めなければならない。
【関連用語】TOKYO PRO Market, J-QS

J-QS

　J-Adviserの役職員であり、J-Adviserの担当会社に対する新規上場時および上場後の助言・指導等の業務において中心的な役割を担う個人をいう。J-QSは、東京証券取引所によって承認されることが必要である。J-QSの承認基準のうち、主なものは以下のとおりである。
　① J-AdviserまたはJ-Adviser資格取得申請者の常勤の役職員であること
　② J-QSの資格取得申請日以前から5年以内に、コーポレート・ファイナンス助言業務に関する経験を通算3年以上有していること
　③ J-Adviser業務において、これを統括する立場にあること
　④ 日本の資本市場での経験および知見を有すること
　⑤ TOKYO PRO Marketの評価と秩序を毀損するおそれのないこと
【関連用語】TOKYO PRO Market, J-Adviser

グリーンシート市場 (ぐりーんしーとしじょう)

　日本証券業協会が、証券会社による非上場会社の株式を公平・円滑に売買するために、1997年7月からスタートした市場をいう。
　未上場企業への資金調達を円滑ならしめ、また投資家の換金の場を確保する目的で、金融商品取引法上の取引所市場とは異なったステータスで運営されている。店頭取扱有価証券、優先出資証券または投資証券のうち、証券会社が一定の審査を行い、日本証券業協会に対して届出を行ったうえで、その証券会社が継続的に売り気配・買い気配を提示して売買を可能としている。
【関連用語】日本証券業協会

上場申請

上場申請（じょうじょうしんせい）

　上場希望企業が証券取引所に上場申請書類一式を提出する行為。実務的には，事前に主幹事証券会社が証券取引所に上場申請予定日を伝達するなど，一定の調整を済ませてから上場申請が行われる。上場申請日の決定は，主幹事証券会社の推薦審査の終了時期，証券取引所の審査期間，上場希望企業の上場希望日等から総合的に判断する。
【関連用語】通常申請，予備申請，上場申請書類

上場審査（じょうじょうしんさ）

　証券取引所が上場規程や上場審査等に関するガイドラインに基づき上場申請会社の上場適格性を判断するプロセス。上場すると，企業が発行する株券等を投資対象物件として不特定多数の投資者が市場を通じて売買することができるようになるため，上場会社には一般の投資者からの信頼を確保できるような会社であることが求められる。なお，上場審査は上場希望会社による申請によって行われる。

　これに対して証券取引所の上場審査に先立って主幹事証券会社の引受審査部門によって行われる審査を証券審査，推薦審査などという。主幹事証券会社は，日本証券業協会の定める有価証券の引受け等に関する規則により新規公開を行う株券等に関する公開適格性などについて厳格な審査を行うことが求められている。
【関連用語】推薦審査，主幹事証券会社

通常申請（つうじょうしんせい）

　申請直前事業年度にかかる定時株主総会終了後に行う上場申請。上場申請に伴う審査書類の提出，審査スケジュール・審査内容についての確認の後，①上場申請理由，②沿革・事業内容，③業界の状況，④役員・大株主の状況についての質問がなされる。

【関連用語】上場申請

予備申請 (よびしんせい)

　申請直前事業年度にかかる定時株主総会開催前に行う上場申請。直前事業年度の末日からさかのぼっての3ヵ月前の日以後行うことができる。審査は直前事業年度の決算が確定していないドラフトベースのもので進められ、上場希望企業は、定時株主総会終了後、正式な書類が整った段階で改めて上場申請を行う。通常申請と比較し、早い時期に上場できる可能性が高い。
【関連用語】上場申請，通常申請

実地調査(実査) (じっちちょうさ(じっさ))

　証券取引所の審査プロセスの1つ。証券取引所の審査担当者が企業の事業内容等の理解を深めたり、会計伝票・帳票等を閲覧し会計手続きの確認を行ったりすることを目的に行うもので、比較的審査の早い段階で行われることが多い。実地調査の対象先は本社のほか、メーカーであれば主要な工場、小売業であれば主要な店舗等が選択される。

上場申請書類 (じょうじょうしんせいしょるい)

　証券取引所が上場申請を受け付けるにあたって必要な書類。上場申請書類は30種類前後におよび、その大部分は申請会社が作成するものであるが、推薦書等、主幹事証券会社が作成、提出するものも含まれる。
【関連用語】上場申請，推薦書

Ⅰの部 (いちのぶ)

　上場申請にあたって、取引所に提出される上場申請のための有価証券報告書(Ⅰの部)をいう。企業情報・提出会社の保証会社等の情報・特別情報・株式公開情報の4部で構成され、そのうち、直前々期および直前期の財務書類については、監査証明が付される。また、上場承認日に東証ホームページに開示される。Ⅰの部の記載内容は、上場承認後に提出される有価証券届出書や目論見書と同様に企業内容等の開

示に関する内閣府令に準拠して作成され,また,その後の有価証券報告書による継続的な開示も考慮して作成する必要がある。
【関連用語】上場申請書類,有価証券届出書,目論見書,訂正目論見書,Ⅱの部

Ⅱの部 (にのぶ)

上場申請書類の1つ。求められる記載内容は,企業の沿革,事業の特徴,経営管理体制,業績動向,業績見通しなど,多岐に渡っている。審査資料として位置づけられるものであり,取引所および主幹事証券会社等以外に開示されることはない。上場申請書類のなかでは最も作業負担が重く,上場申請時期の1年以上前から作業に取り掛かるのが一般的。
【関連用語】上場申請書類

特別情報 (とくべつじょうほう)

上場申請書類のⅠの部における項目の1つであり,最近5事業年度の貸借対照表,損益計算書(製造原価明細書および売上原価明細書を除く),株主資本等変動計算書およびキャッシュ・フロー計算書のうち,Ⅱの部に掲げたもの以外のものをⅡの部の記載に準じて記載をする項目である。なお,キャッシュ・フロー計算書については,記載を省略することができる。
【関連用語】Ⅰの部,Ⅱの部

監査証明 (かんさしょうめい)

公認会計士や監査法人が,財務諸表についてその企業の経営成績およびキャッシュ・フローの状況ならびに財政状態を適正に表しているかを監査し,監査意見を表明すること。監査意見は「独立監査人の監査報告書」として企業に提出される。
【関連用語】独立監査人の監査報告書

取引所ヒアリング (とりひきじょひありんぐ)

証券取引所審査の主要手法。証券取引所審査の方法は,まず,証券

取引所が申請会社に書面での質問を提示し，それに対して申請会社が書面で回答を作成して提出する。取引所は，その回答書を確認したうえで内容を掘り下げるためにヒアリングを行う。証券取引所の質問書提示→企業の回答書の提出→ヒアリングの実施，が標準的な審査のサイクルである。
【関連用語】上場審査

社長面談 (しゃちょうめんだん)

証券取引所の審査プロセスの1つ。社長面談では，会社の経営方針や上場後の投資家への対応(IR活動や業績開示に関する体制等)等についてヒアリングが行われる。

監査役面談 (かんさやくめんだん)

証券取引所の審査プロセスの1つ。監査役面談では，原則として常勤監査役に，実施している監査の状況や上場希望企業の抱える課題等についてヒアリングが行われる。

監査法人ヒアリング (かんさほうじんひありんぐ)

証券取引所の審査プロセスの1つ。証券取引所の審査担当者が監査法人に対し会計組織の整備・運用の状況，会計処理手続きなどについて確認すること。通常は，申請会社へのヒアリングを一通り実施した後に行われる。なお，監査法人においては証券取引所ヒアリングなどと呼ばれる。
【関連用語】証券取引所ヒアリング

公認会計士ヒアリング (こうにんかいけいしひありんぐ)

→監査法人ヒアリング [p.206]

社長説明会 (しゃちょうせつめいかい)

証券取引所の審査プロセスの1つ。申請会社の社長が証券取引所を訪問し，証券取引所の役員等に対して，会社の特徴，経営方針，事業計画等について説明，質疑応答，取引所からは上場企業としての留意

事項等の説明がある。証券取引所審査の最終局面で，セレモニーとしての色合いも強い。

上場承認

上場承認 (じょうじょうしょうにん)

　証券取引所が上場希望企業の審査を終了し，その企業の上場適格性を認めること。証券取引所では上場承認を行う都度，報道機関に対して，企業名，事業概要，上場予定日等の公表を行っている。

上場日 (じょうじょうび)

　未上場会社の株式を証券市場(株式市場)において売買可能となった日のこと。株式を(公募や売出しによって)新規に公開した日のこと。上場日をもって，公開前規制における制限期間の解除や，インサイダー取引規制の対象となるなどの変化が生じる。
【関連用語】証券市場，公開前規制，インサイダー取引

上場セレモニー (じょうじょうせれもにー)

　上場日に証券取引所で行われるセレモニー。上場した企業が上場日に証券取引所の招待を受け，上場通知書・記念品の贈呈や記念写真の撮影等が行われる。
【関連用語】上場日

株式売買 (かぶしきばいばい)

　証券取引所の最大の役割であり，株式数，株主数，純資産等について一定の基準を満たした会社の株式が当該取引所で売り買いされる。証券取引所における株取引は，価格あるいは時間の優劣により成立する。
【関連用語】証券取引所

トレーディング〔trading〕

証券取引所等の金融市場等において，株式等の売買取引を行うことをいう。とりわけ，有価証券の短期的売買のように，短期間における市場価格の変動により利益を得ることを目的とした売買・保有を反復的に行うような取引を指す場合が多い。

【関連用語】株式売買

11

その他

　本章では，他の章で取り扱っていない用語で，株式上場に関連して特に必要と考えられるものをいくつか掲載しています。会社の分類，投資家，ファンド，M＆A，定款，法令・ルール設定機関という見出しごとに分類したうえで，それぞれに関連する用語を説明します。

会社の分類

公開会社（こうかいがいしゃ）

定款で，その発行する全部または一部の株式について譲渡制限を設けていない会社（会2条5号）。公開会社では，取締役会の設置が義務づけられている。それに対して，定款ですべての株式の譲渡制限を定めている会社では，取締役会の設置が義務づけられていない。なお，この会社法上の用語は，株式を公開（上場）している会社という意味での公開会社とは異なる。
【関連用語】取締役会，株式公開

非公開会社（ひこうかいがいしゃ）

定款で，発行するすべての株式につき譲渡制限がなされている会社（会2条5号）。
【関連用語】公開会社，株式の譲渡制限

大会社（だいがいしゃ）

資本金の額が5億円以上，もしくは負債の額が200億円以上の会社。大会社になると，会計監査人の設置が義務づけられる。また，委員会設置会社でない公開会社の大会社では，会計監査人に加えて監査役会の設置が義務づけられる。
【関連用語】会計監査人，公開会社，監査役会，委員会設置会社

親会社（おやがいしゃ）

株式会社を子会社とする会社その他の当該株式会社の経営を支配している法人として法務省令で定めるものをいう（会2条4号）。法務省令である会社法施行規則では，会社が他の会社等の財務及び事業の方針の決定を支配している場合における当該会社（会規3条2項）と規定しており，法人が他の法人の議決権の過半数を握っているといった形

式にかかわらず，営業関係や人事などを総合的に勘案して実質的に支配しているとみなされる場合には親会社となる。
【関連用語】子会社，親会社等

子会社 (こがいしゃ)

会社がその総株主の議決権の過半数を有する株式会社その他の当該会社がその経営を支配している法人として法務省令で定めるものをいう(会2条3号)。法務省令である会社法施行規則では，会社が他の会社等の財務及び事業の方針の決定を支配している場合における当該他の会社等(会規3条1項)と定義されている。法人が他の法人の議決権の過半数を握っているといった形式にかかわらず，営業関係や人事などを総合的に勘案して実質的に支配しているとみなされる場合における当該被支配法人をいう。
【関連用語】親会社，持分法適用会社

投資家

アクティブ投資家 (あくてぃぶとうしか)

TOPIX(東証株価指数)，日経平均株価等のベンチマークを上回る収益率をめざす運用手法を用いる投資家のこと。
【関連用語】パッシブ投資家

パッシブ投資家 (ぱっしぶとうしか)

TOPIX(東証株価指数)，日経平均株価等の特定のインデックスと収益率を連動させることをめざす運用手法を用いる投資家のこと。
【関連用語】アクティブ投資家

バリュー投資家 (ばりゅーとうしか)

PER, PBR が低いなど，企業の評価価値が実質価値に比して「割安

かどうか」に着目して選択した銘柄を中心に運用する投資家のこと。
【関連用語】グロース投資家，PER，PBR

グロース投資家 (ぐろーすとうしか)

「企業の成長性」に着目して選択した銘柄を中心に運用する投資家のこと。
【関連用語】バリュー投資家

ファンド

ファンドマネージャー〔fund manager〕

年金基金，投資信託財産等のファンドの運用を行う責任者(運用担当者)のこと。投資に関する高度な専門的知識に基づいて投資方針と投資計画を策定し，自らの投資判断により投資家から預かった資産を運用し，得られる収益の最大化を業務の目的としている。

ヘッジファンド〔hedge fund〕

米国で生まれた特定・少数の機関投資家や金融機関，富裕層等などから出資を受け，私的に大規模な資金を集める投資組合の一種で，株，債券，為替，商品，不動産，デリバティブなど市場性のある金融商品等を活用したさまざまな手法でハイリターンの運用を目的とするファンドのこと。

プライベートエクイティファンド〔private equity fund〕

複数の機関投資家や個人投資家から集めた資金を原資とし，企業を中長期的な視点に基づき買収し，投資対象の会社の経営に深く関与してその企業の成長等の支援を行うことを通じて企業価値を向上させたうえで，上場・他社への売却等を行い，収益を得ることを目的としているファンドのこと。

【関連用語】バイアウトファンド

バイアウトファンド〔buyout fund〕

複数の機関投資家や個人投資家から集めた資金を原資とし,企業を中長期的な視点に基づき買収し,投資対象の会社の経営に深く関与してその企業の再生等の支援を行うことを通じて企業価値を向上させたうえで,第三者への売却等を行い,収益を得ることを目的としているファンドのこと。
【関連用語】プライベートエクイティファンド

ハンズオン〔hands on〕

ベンチャー・キャピタルなどが未上場会社に投資を行う際,自ら社長や社外取締役等の役員や従業員を派遣し,投資先の経営に積極的に参画するスタイルをいう。破綻企業を買収して業績を回復させ,企業価値を高めて投資を回収するいわゆる再生ファンドなどでは,このスタイルを用いることが一般的である。事業戦略を含めた投資先の経営意思決定に自らの意見を反映させることができ,変革のスピードが速い半面,現経営陣との対立が表面化するリスクがある。
【関連用語】ベンチャー・キャピタル,ハンズオフ

ハンズオフ〔hands off〕

ハンズオンの反意語であり,ベンチャー・キャピタルなどが未上場会社に投資を行う際,資金のみの提供を行い,経営は投資先の経営陣に任せるスタイルをいう。自社の事業と投資先の事業をすぐに統合する必要がない場合に用いることが一般的である。
【関連用語】ベンチャー・キャピタル,ハンズオン

投資事業組合 (とうしじぎょうくみあい)

組合員(有限責任)である投資家から資金を集め,投資先企業に対し主として出資の形で資金を供給することを目的とした組合のこと。組合の組成方法としては,民法上の任意組合,商法上の匿名組合,投資事業有限責任組合法(通称ファンド法)の投資事業有限責任組合の3種

M & A

企業再編 (きぎょうさいへん)

　企業の組織体制を再編し経営の合理化を目的とした一連の手続きである。主な手法として合併，事業譲渡，会社分割，株式移転，株式交換等があげられる。
【関連用語】合併，事業譲渡，株式交換，株式移転，会社分割

買収防衛策 (ばいしゅうぼうえいさく)

　敵対的な買収を成立させないための防衛策。株式の相互持合や親密取引先による株式保有などの安定株主工作により，予防的に買収の実現を困難にする方策のほか，敵対的買収の標的にされたときの具体的な対抗策としてポイズンピル（買収された際に既存株主が有利に新株購入できる条項）やパックマンディフェンス（買収者に対して逆に買収をしかけること）など，さまざまな手法がある。コスト面でのリスクや法制度上のリスクなどを考慮し，会社の特性に応じて適切な方策を選択することが重要である。また，投資家保護の観点からも，買収防衛策の導入には十分な配慮が必要であり，導入の目的や防衛策の具体的な内容，手続きや日程，予測される影響などについては開示が求められる。

TOB（株式公開買付け） (かぶしきこうかいかいつけ) 〔Takeover Bid〕

　株券等の発行会社または第三者が，不特定かつ多数の者に対し，株券等の買付けの申込みまたは売付けの申込みの勧誘を行い，市場外で株券等の買付けなどを行うことをいい，Takeoverでなく Tender Offer といわれることもある。投資家保護の観点から，上場会社の株券等を市場外で多数取得する場合は原則としてTOBによることになっているほか，TOB実施に際しては，条件等を公告すること，財務局へ

の公開買付届出書の提出等が必要となる。上場会社の株券等を対象としたTOBの目的としては，自己株式の取得，MBO，友好的TOB，敵対的TOB（買付け対象会社の取締役会の合意を得ないで行うもの）などが考えられる。
【関連用語】企業再編，MBO

株式譲渡 (かぶしきじょうと)
→株式譲渡［p.57］

合併 (がっぺい)
複数の会社が契約によって1つの会社になる企業結合の手法であり，吸収合併と新設合併に分類される。吸収合併では1つの会社が存続会社となり他の一方の会社の権利義務を包括的に承継し，他の一方の会社は清算手続を経ずに解散することとなる。また新設合併ではすべての合併当事会社が消滅会社として清算手続を経ずに解散し，新たに会社を設立し合併当事会社の権利義務等を包括的に新設会社に承継させることになる。
【関連用語】企業再編

事業譲渡 (じぎょうじょうと)
会社がその事業を譲渡する行為である。会社自体を売買するのではなく，事業に関連する資産および負債を売買するM＆Aの手法の1つである。
【関連用語】企業再編

株式交換 (かぶしきこうかん)
会社が他社を100％子会社にするためのM＆A手法であり，100％子会社となる会社の株主に対して，その保有している株式を親会社となる会社株式に交換させる行為である。
【関連用語】企業再編

株式移転 (かぶしきいてん)

会社が，単独または複数で新規に完全親会社を設立し，それぞれが保有する株式を当該親会社にすべて移転させその完全子会社となり，代わりに当該親会社の発行する株式の割り当てを受けるというM&Aの手法の1つである。

【関連用語】企業再編

会社分割 (かいしゃぶんかつ)

会社を複数の法人格に分割し，それぞれに組織・事業を引き継がせるというM&A手法の1つである。新規に設立した会社に事業を引き継がせる場合は新設分割と呼ばれ，既存の会社に事業を引き継がせる場合は吸収分割と呼ばれる。

【関連用語】企業再編

MBO〔Management Buy-Out〕

経営陣による企業買収のことをいう。企業の経営陣が，事業の継続を前提として，既存所有者(オーナー株主や親会社)から株式や事業部門を買収して独立する買収手法。代表的な MBO 手法として，企業グループが特定の会社や事業部門を切り離す際に当該会社の経営陣や事業部門の責任者が買い受けて分離・独立する方法があげられる。

実際の MBO では，経営陣の資金力が限られることが通例であることから，投資ファンド等外部からの資金調達が行われることが多い。

上場会社がMBOにより非上場会社化する事例では，市場の評価に左右されずに構造改革を行うことや敵対的買収を回避することを目的として，オーナー経営者が中心となっているものがみられる。

【関連用語】企業再編，LBO，EBO

マネジメント・バイアウト〔Management Buy-Out〕

→ MBO〔p.216〕

MBI〔Management Buy-In〕

MBOの一形態であり，投資家や投資ファンドが，買収先の企業に

対し外部から経営者を送り込み，その経営者が買収先の企業の株式を取得しオーナー株主となった後で企業を再建させ，それに伴い生じるキャピタル・ゲインを狙う手法である。
【関連用語】企業再編，MBO

EBO〔Employee Buy-Out〕
　会社の従業員が自ら自社の株式を取得し，会社や事業部門等を買収する企業買収手法の1つである。通常は買収後の会社は非公開会社になることが考えられる。
【関連用語】企業再編，MBO

LBO〔Leveraged Buy-Out〕
　買収資金を買収対象会社の資産価値や今後期待されるキャッシュ・フローを担保として資金調達を行い，当該資金を用いて企業買収を行う企業買収手法の1つである。
　一般的に買収時に自己資金が少なくても企業買収が行えることにメリットがあり，レバレッジ効果によりキャピタルゲインの大幅な増加を狙うことが可能である。
【関連用語】企業再編，MBO

表明保証（ひょうめいほしょう）
　契約を締結する際，一方の当事者が一定の時点における当事者自身に関する事実，契約目的物の内容等に関する事実について，当該事実が，真実かつ正確であることを契約書上に明文化し約束することで相手方を保証するものである。当該事実が真実でない場合（表明・保証違反）には，相手方は当該契約の解除，損害賠償などの請求を可能とする補償条項が規定されるのが一般的である。
【関連用語】保証表明，レプリゼンタティブズアンドワランティー，レプワラ

保証表明（ほしょうひょうめい）
　→表明保証［p.217］

レプリゼンタティブズアンドワランティー〔representatives and warranty〕
→表明保証 [p. 217]

レプワラ（れぷわら）
→表明保証 [p. 217]

定款

定款（ていかん）
　会社の組織や運営についての規程。株式会社のなかの規程で最高の地位にあるので，株式会社における憲法といわれる。会社法によって定款自治が拡大しているので，定款に何をどう規定するかが重要となる。なお，定款変更には原則株主総会の特別決議が必要となる（会309条2項10号，会466条）。
【関連用語】絶対的記載事項，相対的記載事項，任意的記載事項

株式取扱規程（かぶしきとりあつかいきてい）
　株式に関する取扱いおよび手数料ならびに株主の権利行使手続等について定めた規程。株式に関する事務的な事項を定款に記載すると，適宜変更することが実務上困難となるため，上場準備にあたっては，定款に委任規定をおいたうえで株式取扱規程を定めることが多い。
【関連用語】定款

絶対的記載事項（ぜったいてききさいじこう）
　定款に必ず記載されなければならない6項目（目的，商号，本店の所在地，設立に際して出資される財産の価額またはその最低額，発起人の氏名または名称および住所，発行可能株式総数）。1つでも欠けたり，違法である場合，定款全体が無効になる。

【関連用語】定款,相対的記載事項,任意的記載事項

相対的記載事項 (そうたいてききさいじこう)

　定款に記載しなくとも定款の効力には関係ないものの,定款で定めないとその効力が認められない事項(単元未満株主の売渡請求,株券を発行する旨の定め,取締役会等の機関の設置,役員の選任・解任決議要件の加重,取締役会決議の省略など)。上場準備会社においては,上場予定の株式について株券を発行する旨の定めがある場合,それを廃止する等の定款変更が上場前に必要になる。
【関連用語】定款,絶対的記載事項,任意的記載事項

任意的記載事項 (にんいてききさいじこう)

　定款に記載しなくても定款が無効になるわけではなく,また,定款に記載しておかなければその事項について効力が生じないわけではないものの,取扱いを明確化するため等の理由から記載する事項(例:公告の方法,定時株主総会の召集時期,取締役・監査役の員数,役付取締役の選定,会社の事業年度,英文商号など)。定款に記載されれば拘束力をもつことになる。
【関連用語】定款,絶対的記載事項,相対的記載事項

法令・ルール設定機関

FASF 〔Financial Accounting Standards Foundation〕

　公益財団法人財務会計基準機構の英文呼称の略称である。一般に公正妥当と認められる企業会計の基準の調査研究・開発,ディスクロージャー制度その他企業財務に関する諸制度の調査研究およびそれらを踏まえた提言ならびに国際的な会計制度への貢献等を行い,日本の企業財務に関する諸制度の健全な発展と資本市場の健全性の確保に寄与することを目的とした組織のことをいう。

ASBJ 〔Accounting Standards Board of Japan〕

　企業会計基準委員会の英文呼称の略称である。日本の会計基準の設定主体として、日本企業の会計基準を開発、設計するために財務会計基準機構(FASF)に設置された機関のことをいう。
【関連用語】FASF

企業会計審議会 (きぎょうかいけいしんぎかい)

　金融庁長官の諮問機関として、企業会計基準および監査基準の設定等について調査審議し、答申する審議会のこと。審議会が発表する意見書などには法律上の強制力こそないが、会計実務の事実上の基本的ルールとなっている。

FASB 〔Financial Accounting Standards Board〕

　米国財務会計基準審議会の英文呼称の略称である。米国の会計基準の設定主体であり、国際財務報告基準(IFRS)を規定するIASBと会計基準の統合に向けて協議を行っている。
【関連用語】IASB

IASB 〔The International Accounting Standards Board〕

　国際会計基準審議会の英文呼称の略称で、国際的な会計基準である国際財務報告基準(IFRS：International Financial Reporting Standards)を設定する民間機関。2001年、国際会計基準委員会(IASC)を改組して設立。本部はロンドン。

日本公認会計士協会 (にほんこうにんかいけいしきょうかい)

　日本における唯一の、公認会計士によって組織される自主規制機関。公認会計士および監査法人の品位を保持し、監査証明業務の改善進歩を図るため、会員である公認会計士の指導、連絡および監督を行い、また、公認会計士の登録に関する事務を行う。
【関連用語】公認会計士、監査法人

日本証券業協会 (にほんしょうけんぎょうきょうかい)

　有価証券の売買の公正化や円滑化，金融商品取引業の健全な発展や投資者の保護などを目的とし，証券会社・金融機関によって組織される業界団体。金融商品取引法に基づき，内閣総理大臣の認可を受けた自主規制機関として，各種自主規制ルールのもと，会員に対する監督を実施する。日証協。
【関連用語】証券会社

日本ベンチャーキャピタル協会 (にほんべんちゃーきゃぴたるきょうかい)

　日本初，唯一のベンチャー・キャピタルおよびベンチャービジネス支援者をサポートする業界団体。ベンチャー・キャピタル事業の質的向上ならびに業界の社会的地位の向上等を目的とし，ベンチャー・キャピタル業界の活動全般に関する調査・研究・検討，広報活動，規制や会計基準などに対する提言，講演会・シンポジウム等の実施，政府や機関投資家，証券取引所や研究機関などとの連携などを行う。2002年に設立。JVCA。

日本取引所グループ (にほんとりひきじょぐるーぷ)

　2013年1月，東京証券取引所グループと大阪証券取引所との経営統合により誕生した持株会社。金融商品取引法に基づく金融商品取引所持株会社としての認可を受け，傘下の子会社である株式会社東京証券取引所，株式会社大阪証券取引所といった金融商品取引所や，東京証券取引所自主規制法人，株式会社日本証券クリアリング機構などを通じて金融商品市場インフラの提供を行う。2013年7月，大阪証券取引所の現物市場(JASDAQスタンダード，JASDAQグロース)を東京証券取引所の現物市場に統合。ただし，各市場のコンセプト，上場基準は従来のままとなっている。
【関連用語】東京証券取引所，大阪証券取引所

東京証券取引所 (とうきょうしょうけんとりひきじょ)

　日本取引所グループの株式会社東京証券取引所が運営する，日本最大の金融商品取引所。日本の証券の流通市場の中枢機関として，売買

等の場の提供，売買等の管理，有価証券の上場，上場証券の管理，取引参加者の管理といった主要機能を有する。

東京証券取引所は，上場基準によって，大企業を中心とした「東証一部」，中堅企業を中心とした「東証二部」，新興企業を中心とした「東証マザーズ」「JASDAQ スタンダード」「JASDAQ グロース」に分かれている。また，プロ向け市場制度に基づく「TOKYO PRO Market」を有する。上場会社数は各市場合計で 2013 年 12 月末現在，3,417 社。

大阪証券取引所 (おおさかしょうけんとりひきじょ)

日本取引所グループの株式会社大阪証券取引所が運営する，関西地区が地盤の金融商品取引所。市場デリバティブ取引に必要な取引所金融商品市場の開設を目的とし，取引の管理，取引参加者の管理，新商品・新制度の導入・調査研究等を行う。証券・金融・商品分野を含めた国内デリバティブ取引所で最大。

札幌証券取引所 (さっぽろしょうけんとりひきじょ)

証券会員制法人札幌証券取引所が運営する，北海道地区が地盤の金融商品取引所。1949 年に設立。上場基準によって，大企業または中堅企業を中心とした本則市場と新興企業を中心とした「アンビシャス」とに分かれている。上場会社数は各市場合計で 2013 年 12 月現在 60 社(単独上場 15 社)。

名古屋証券取引所 (なごやしょうけんとりひきじょ)

株式会社名古屋証券取引所が運営する，中部地区が地盤の金融商品取引所。1949 年設立。上場基準によって，大企業を中心とした「名証一部」，中堅企業を中心とした「名証二部」，新興企業を中心とした「セントレックス」とに分かれている。上場会社数は各市場合計で 2013 年 12 月現在 301 社(単独上場 88 社)。

福岡証券取引所 (ふくおかしょうけんとりひきじょ)

証券会員制法人福岡証券取引所が運営する，九州地区が地盤の金融商品取引所。1949 年に設立。上場基準によって，大企業または中堅企

業を中心とした本則市場と新興企業を中心とした「Q-Board」とに分かれている。上場会社数は各市場合計で2013年12月末現在で117社（単独上場33社）。

金融庁 (きんゆうちょう)

金融庁設置法に基づき設置される行政機関。わが国の金融の機能の安定を確保し，預金者，保険契約者，有価証券の投資者その他これらに準ずる者の保護を図るとともに，金融の円滑を図ることを任務とし，国内金融に関する制度の企画および立案，金融機関の国際業務に関する制度の企画および立案，金融機関の検査・監督を行う。

財務局 (ざいむきょく)

財務省の総合出先機関として，また，金融庁からの事務委任を受け，財政，国有財産や金融等に関する施策を実施するため全国に11ヵ所配置されている機関（福岡財務支局，沖縄総合事務局財務部を含む）。上場にあたっては，上場時のファイナンスを行う際に提出する有価証券届出書の審査，受理を行う。一般的には，有価証券届出書提出の1ヵ月程度前に会社の本店を所轄する財務局に対して事前相談をスタートさせる。
【関連用語】有価証券届出書

証券取引等監視委員会 (しょうけんとりひきとうかんしいいんかい)

市場の公正性・透明性を確保し，投資者を保護することを使命とし，内閣府設置法および金融庁設置法に基づき，合議制の機関として金融庁におかれている組織。委員長および委員2名で構成される。具体的な活動内容としては，市場分析審査，証券検査，取引調査（課徴金調査），開示検査，犯則事件の調査があげられる。

【参考文献】

〈法令・規則〉
■会社法
■会社計算規則
■会社法施行規則
■企業内容等の開示に関する内閣府令
■金融商品取引法
■金融商品取引法施行令
■健康保険法
■厚生年金保険法
■公認会計士法
■雇用保険法
■財産評価基本通達
■財務諸表等の用語,様式及び作成方法に関する規則(財務諸表等規則)
■産業活力の再生及び産業活動の革新に関する特別措置法
■下請代金支払遅延等防止法(下請法)
■私的独占の禁止及び公正取引の確保に関する法律(独占禁止法)
■社債,株式等の振替に関する法律
■上場株式の議決権の代理行使の勧誘に関する内閣府令
■廃棄物の処理及び清掃に関する法律
■不正競争防止法
■不当景品類及び不当表示防止法(景品表示法)
■法人税法
■連結財務諸表の用語,様式及び作成方法に関する規則(連結財務諸表規則)
■労働安全衛生法
■労働基準法
■労働契約法
■労働者災害補償保険法
■労働者派遣事業の適正な運営の確保及び派遣労働者の保護等に関する法律

〈基準・ガイドライン〉
■一般社団法人　日本内部監査協会「内部監査基準」

■企業会計審議会「監査基準」
■企業会計審議会「財務報告に係る内部統制基準・実施基準」
■企業会計審議会「四半期レビュー基準」
■厚生労働省「有期労働契約の締結,更新及び雇止めに関する基準」
■厚生労働省労働基準局長「多店舗展開する小売業,飲食業等の店舗における管理監督者の範囲の適正化について」
■国税庁「法人税基本通達」
■中小企業庁「下請適正取引等推進のためのガイドライン」
■東京証券取引所「企業行動規範」
■東京証券取引所「上場審査等に関するガイドライン」
■東京証券取引所「有価証券上場規程」
■東京証券取引所「有価証券上場規程施行規則」
■日本公認会計士協会「ITに係る内部統制の枠組み―自動化された業務処理統制等と全般統制―」(IT委員会研究報告第35号)
■日本公認会計士協会「監査人から引受事務幹事会社への書簡について」(監査・保証実務委員会報告第68号)
■日本公認会計士協会「経営者確認書」(監査基準委員会報告書580)
■日本公認会計士協会「財務諸表に対する意見の形成と監査報告」(監査基準委員会報告書700)
■日本公認会計士協会「初年度監査の期首残高」(監査基準委員会報告書510)
■日本証券業協会「株券等の募集等の引受け等に係る顧客への配分に関する規則」
■日本証券業協会「定款の施行に係る規則」
■日本証券業協会「有価証券の引受け等に関する規則」
■東京証券取引所「「コーポレート・ガバナンスに関する報告書」記載要領」
■私的整理に関するガイドライン研究会「私的整理に関するガイドライン」
■東京証券取引所「上場会社コーポレート・ガバナンス原則」
■東京証券取引所/大阪証券取引所/名古屋証券取引所/福岡証券取引所/札幌証券取引所/ジャスダック証券取引所「中核的な子会社の上場に関する証券取引所の考え方について」

〈書籍〉
■一般社団法人 日本IPO実務検定協会［2013］『IPO実務検定試験公式テキスト(第4版)』中央経済社。
■新日本有限責任監査法人［2012］『社会に期待されつづける経営』第一法規

■新日本有限責任監査法人［2013］『ケーススタディ・上場準備実務』税務経理協会。
■新日本有限責任監査法人　事業開発部［2007］『実践　事業計画の作成手順』中経出版。
■新日本有限責任監査法人　事業開発部［2008］『わが社が株式上場するときの基準がわかる本』中経出版。
■新日本有限責任監査法人　事業開発部［2008］『株式上場マニュアル』税務研究会出版局。
■新日本有限責任監査法人　事業開発部［2008］『金融マンのための「IPO支援」業界別ガイドブック』中央経済社。
■新日本有限責任監査法人　事業開発部［2008］『資本政策の考え方と実務の手順』中経出版。
■新日本有限責任監査法人　事業開発部［2008］『内部統制の実務がよくわかる本』中経出版。
■新日本有限責任監査法人　事業開発部，新日本アーンスト　アンド　ヤング税理士法人，アーンスト　アンド　ヤング・トランザクション・アドバイザリー・サービス株式会社［2010］『M＆Aを成功させる　デューデリジェンスのことがよくわかる本』中経出版。
■総合ディスクロージャー研究所監修，小谷融著［2010］『金融商品取引法におけるディスクロージャー制度(二訂版)』税務研究会出版局。
■中央経済社編［2012］『「会社法」法令集(第9版)』中央経済社。
■東京証券取引所［2013］『新規上場ガイドブック　JASDAQ編』株式会社東京証券取引所上場推進部IPOセンター。
■東京証券取引所［2013］『新規上場ガイドブック　マザーズ編』株式会社東京証券取引所上場推進部IPOセンター。
■東京証券取引所［2013］『新規上場ガイドブック　市場第一部・第二部編』株式会社東京証券取引所上場推進部IPOセンター。
■三浦太［2007］『いちばんわかりやすい内部統制のポイント』中経出版。
■三菱UFJモルガン・スタンレー証券　営業支援部［2012］「すぐ役立つ税金ガイドブック　平成24年度版」三菱UFJモルガン・スタンレー証券。

〈ウェブサイト〉
■一般財団法人　日本情報経済社会推進協会「プライバシーマーク制度」：http://privacymark.jp/
■一般社団法人　コンプライアンス推進機構：http://www.ocod.or.jp/about_compliance.html
■一般社団法人　日本ベンチャーキャピタル協会：http://www.jvca.jp/
■企業会計基準委員会，公益財団法人財務会計基準機構：https://www.asb.or.jp/asb/top.do
■公正取引委員会：http://www.jftc.go.jp/index.html
■厚生労働省「労働契約法について」：http://www.mhlw.go.jp/bunya/roudoukijun/roudoukeiyaku01/
■国税庁：http://www.nta.go.jp/
■札幌証券取引所：http://www.sse.or.jp/
■上場.com：http://www.jyoujyou.com/
■消費者庁「景品表示」：http://www.caa.go.jp/representation/index.html
■消費者庁「個人情報の保護」：http://www.caa.go.jp/seikatsu/kojin/
■消費者庁「公益通報者保護制度ウェブサイト」：http://www.caa.go.jp/seikatsu/koueki/index.html
■新日本有限責任監査法人：http://www.shinnihon.or.jp/
■新日本有限責任監査法人「用語集」：http://www.shinnihon.or.jp/corporate-accounting/glossary/index.html
■全国株懇連合会「株懇WEB」：http://www.kabukon.net/index.html
■中小企業庁：http://www.chusho.meti.go.jp/index.html
■電子政府の総合窓口(e-Gov)「法令データ提供システム」：http://law.e-gov.go.jp/cgi-bin/idxsearch.cgi
■東京証券取引所：http://www.tse.or.jp/
■東京証券取引所「証券用語」：http://www.tse.or.jp/glossary/index.html
■名古屋証券取引所：http://www.nse.or.jp/
■日本公認会計士協会：http://www.hp.jicpa.or.jp/
■日本証券業協会：http://www.jsda.or.jp/index.html
■日本取引所グループ：http://www.jpx.co.jp/
■日本年金機構：http://www.nenkin.go.jp/n/www/index.html
■日本弁理士会「知的財産とは」：http://www.jpaa.or.jp/?cat=18
■福岡証券取引所：http://www.fse.or.jp/

新日本有限責任監査法人/EY グループについて

新日本有限責任監査法人について

　新日本有限責任監査法人は，EY メンバーファームです。全国に拠点を持つ日本最大級の監査法人業界のリーダーです。監査および保証業務をはじめ，各種財務アドバイザリーの分野で高品質なサービスを提供しています。EY グローバル・ネットワークを通じ，日本を取り巻く経済活動の基盤に信頼をもたらし，より良い世界の構築に貢献します。

　詳しくは，shinnihon.or.jp をご覧ください。

EY について

　EY は，アシュアランス，税務，トランザクションおよびアドバイザリーなどの分野における世界的なリーダーです。私たちの深い洞察と高品質なサービスは，世界中の資本市場や経済活動に信頼をもたらします。私たちはさまざまなステークホルダーの期待に応えるチームを率いるリーダーを生み出していきます。そうすることで，構成員，クライアント，そして地域社会のために，より良い世界の構築に貢献します。

　EY とは，アーンスト・アンド・ヤング・グローバル・リミテッドのグローバル・ネットワークであり，単体，もしくは複数のメンバーファームを指し，各メンバーファームは法的に独立した組織です。アーンスト・アンド・ヤング・グローバル・リミテッドは，英国の保証有限責任会社であり，顧客サービスは提供していません。

　詳しくは，ey.com をご覧ください。

　本書は一般的な参考情報の提供のみを目的に作成されており，会計，税務及びその他の専門的なアドバイスを行うものではありません。新日本有限責任監査法人及び他の EY メンバーファームは，皆様が本書を利用したことにより被ったいかなる損害についても，一切の責任を負いません。具体的なアドバイスが必要な場合は，個別に専門家にご相談ください。

新日本有限責任監査法人　メンバー一覧

【企画及び監修】
三浦　太　（みうら　まさる）

　新日本有限責任監査法人　シニアパートナー　公認会計士

　上場会社の財務諸表監査・内部統制監査，IPOその他に関する短期経営診断業務，デューデリジェンスほかM＆A周辺支援業務を実施するほか，会社設立，内部統制・資本政策・事業計画などのトータル・アドバイザリー業務も展開。大手金融機関や大学などでセミナー講師を歴任。主な著書として，『ケーススタディ・上場準備実務』（税務経理協会），『株式上場できるかどうかがわかる本』『実践　事業計画の作成手順』『内部統制の実務がよくわかる本』『資本政策の考え方と実務の手順』（中経出版），『すらすら図解　経理用語のしくみ』『金融マンのための「IPO支援業務」業界別ハンドブック』（中央経済社），『株式上場マニュアル』『経営者のためのJASDAQ上場』（税務研究会），『社会に期待されつづける経営』（第一法規出版）ほか多数。

【執筆者代表】
武藤　俊晴　（むとう　としはる）

　公認会計士　新日本有限責任監査法人　マネージャー

　主として，国内企業の法定監査業務に従事するほか，IPO支援業務に従事し，加えて財務報告に係る内部統制（J-SOX）監査において，ITに係る全般統制の評価業務，構築支援業務に多数従事。主な著書として，『ケーススタディ・上場準備実務』（税務経理協会）ほか。

【執筆者】
今村　洋　（いまむら　ひろし）

　公認会計士　新日本有限責任監査法人　シニアマネージャー

　主として，旅客運輸業，自動車部品業，ホテル業，IT等の上場企業及び上場準備企業等の監査業務を実施し，加えてIPO支援業務，IFRS業務等に従事。新日本有限責任監査法人の定期刊行物である情報誌『情報センサー』編集長。

吉田　靖史　（よしだ　せいし）

　公認会計士　新日本有限責任監査法人　シニアマネージャー

　　主として，メーカー，小売，不動産，IT，金融等の上場企業及び上場準備企業等の監査業務を実施し，加えてIPO支援業務，官公庁支援業務等に従事。

佐藤　　衛　（さとう　まもる）

　公認会計士　新日本有限責任監査法人　マネージャー

　　主として，小売業(特に外食産業)，鉄鋼業を中心とした国内上場企業の監査，IPO支援業務等に従事し，加えて東証(旧　大証)ディスクロージャー経理実務セミナー講師等担当。

髙橋　　稔　（たかはし　みのる）

　公認会計士　新日本有限責任監査法人　マネージャー

　　主として，情報サービス産業の上場企業監査を実施し，加えて国際会計基準(IFRS)に準拠した財務諸表の監査，国内IPO支援及び海外IPO支援業務等に従事。主な著書として，『そうだったのか！　企業結合会計の考え方・つかみ方』(中央経済社)ほか。

中野　裕基　（なかの　ゆうき）

　公認会計士　新日本有限責任監査法人　マネージャー

　　主として，小売業を中心とした国内上場企業の監査，米国会計基準に準拠した財務諸表の監査を実施し，加えてIPO支援業務及び事業再生支援業務等に従事。主な著書として，『ケーススタディ・上場準備実務』(税務経理協会)ほか。

日下　洋輔（くさか　ようすけ）

　公認会計士　新日本有限責任監査法人　シニア

　　主として，医療・化粧品業，自動車部品業等の上場企業及び上場準備企業等の監査業務に従事し，それに加えIPO支援業務に従事。

三菱 UFJ モルガン・スタンレー証券について

　三菱 UFJ モルガン・スタンレー証券は，MUFG グループの中核証券会社として，グループの総合力を最大限に活用することで，個人・法人のお客さまの多様なニーズへ対応できる営業体制を構築しており，全国の営業拠点と高度な専門性を有する本社の商品サービス部門や投資銀行部門，市場商品部門とが密接に連携することにより，お客さまの運用ニーズ・調達ニーズに対し最適なソリューションをご提供する取り組みを強化しています。

　投資銀行本部では，IPO をはじめとする株式および債券の引受，企業の合併・買収に関わるアドバイザリー，不動産証券化といった業務を中心に，産業別に蓄積する豊富なノウハウと高い実績をベースに，お客様に対して革新的な金融ソリューションを提供する体制を確立しています。

　企業活動のグローバル化を背景にお客さまの経営課題は多様化し，投資銀行業務にはクオリティとネットワークの両面でグローバル対応が求められています。三菱 UFJ フィナンシャル・グループ，ならびに，モルガン・スタンレーの広範なネットワークを最大限に活用することで，戦略的かつ質の高いアドバイスや資金調達方法を提案し，ご信頼いただけるパートナーとして，お客さまの長期的な事業目標の達成に伴走しています。

　詳しくは，http://www.sc.mufg.jp/index.html にて紹介しています。

三菱UFJモルガン・スタンレー証券　メンバー一覧

【監修及び執筆】
磯橋　敏雄　（いそはし　としお）
　投資銀行本部　マネージング・ディレクター　公開引受部長
　　1987年三菱銀行（現三菱東京UFJ銀行）入行，支店勤務後，1990年より銀行の株式投資グループにて政策投資案件の管理，審査，売買等の業務を担当。1994年三菱ダイヤモンド証券設立に参画，シンジケーション部を経て，1999年4月より公開引受業務に従事。

【執筆者】
平田　浩介	（ひらた　こうすけ）	マネージング・ディレクター
鈴木　浩二郎	（すずき　こうじろう）	エグゼクティブ・ディレクター
高根　英彦	（たかね　ひでひこ）	エグゼクティブ・ディレクター
白倉　勉	（しらくら　つとむ）	シニア・コンサルタント
秋田　一秀	（あきた　かずひで）	シニア・コンサルタント
安孫子　和人	（あびこ　かずと）	シニア・コンサルタント
花田　敦好	（はなだ　あつよし）	コンサルタント
道本　英右	（どうもと　えいすけ）	コンサルタント
植田　哲平	（うえだ　てっぺい）	コンサルタント
武藤　涼子	（むとう　りょうこ）	コンサルタント
田中　正基	（たなか　まさき）	コンサルタント
井本　辰浩	（いもと　たつひろ）	コンサルタント
廣瀬　真由美	（ひろせ　まゆみ）	コンサルタント
齊藤　基彰	（さいとう　もとあき）	アナリスト

編者・執筆者紹介

【編集協力】

原田　清吾　（はらだ　せいご）

　株式会社上場ドットコム代表取締役。日本IPO実務検定協会理事。

　法律系雑誌の記者として，財務省，国税庁，経済界などに15年を超える取材経験。専門は税法で，課税上の問題点を説いた「インセンティブ型報酬制度拡充の必要性と課税上の問題点」で日税研究賞受賞（商事法務研究会刊「企業法学」に掲載）。法学修士（筑波大学），MBA（リバプール大学）。主な著書として，『担当者別株式公開マニュアル』（同友館），『IPO実務検定試験公式テキスト（第3版）』（中央経済社）ほか。

一般社団法人　日本IPO実務検定協会

　2007年設立。上場（IPO＝Initial Public Offering）準備に必要な実務能力を認定する我が国初の試験であるIPO実務検定試験，上場後の開示（ディスクロージャー）能力を認定する財務報告実務検定，およびこれらに付随する研修制度の運営等を通じ，上場準備担当者や上場企業のディスクロージャー担当者の育成・教育を担うことを目的とする。

■一般社団法人　日本IPO実務検定協会：http://www.ipo-kentei.or.jp/
■一般社団法人　日本IPO実務検定協会「IPO実務検定」：http://www.ipo-kentei.or.jp/examination/index.html
■一般社団法人　日本IPO実務検定協会「財務報告検定」：http://www.zaimuhoukoku.jp/index.html

平成26年2月25日 初版発行	<検印省略> 略称：IPO辞典

IPO実務用語辞典

編 者	新日本有限責任監査法人 三菱UFJモルガン・スタンレー証券株式会社
発行者	中 島 治 久

発行所　同文舘出版株式会社

東京都千代田区神田神保町1-41　〒101-0051
電話 営業(03)3294-1801 編集(03)3294-1803
振替 00100-8-42935
http://www.dobunkan.co.jp

©Ernst & Young ShinNihon LLC.　　　　　　　　製版：三美印刷
©Mitsubishi UFJ Morgan Stanley Securities Co., Ltd.　印刷・製本：三美印刷
All Rights Reserved.
Printed in Japan 2014

ISBN978-4-495-20011-4